Steidl Verlag

Stell dir vor es ist Wahltag und alles wird schwarz

herausgegeben von Klaus Staeck

Mit einem Vorwort von
Dieter Hildebrandt

Steidl Verlag

1. Auflage Januar 1983

Umschlagentwurf: Klaus Staeck/Gerhard Steidl
Gesamtherstellung:
Steidl, Druckerei und Verlag, Düstere Straße 4, 3400 Göttingen

ISBN 3-88243-017-6

Inhalt

Hannelore Kohl	15
Helmut Kohl	17
Franz Josef Strauß	27
Norbert Blüm	35
Oscar Schneider	43
Gerhard Stoltenberg	47
Heiner Geißler	51
Heinz Riesenhuber	59
Jürgen Warnke	61
Dorothee Wilms	63
Friedrich Zimmermann	67
Manfred Wörner	77
Christian Schwarz-Schilling	85
Rainer Barzel	95
Alois Mertes	103
Carl-Dieter Spranger	109
Philipp Jenninger	123
Otto Regenspurger	129
Uwe Barschel	135
Ernst Albrecht	143
Alfred Dregger	151
Richard Stücklen	163

Heinrich Lummer 167
Gerold Tandler 175
Jürgen G. Todenhöfer 181
Otto von Habsburg 185
Constantin Freiherr Heereman von Zuydtwyck 187

Vorwort von Klaus Staeck

Hier sind sie nun alle versammelt, die Mehrheitsdeutschen, die Artbewahrer, die Tümelnden, die geistigen Trägerraketen, die treusorgenden Familienväter mit ihren Freundinnen, die Zucht- und Ordnungsliebhaber, die Reizgasschnüffler, die süddeutschen Wuchtgeschosse mit ihren geradlinigen Holzschnittgedanken, immer im Dienste einer großen Sache, die da heißt: dieses unser Vaterland. Da stehen sie mit ihren allzeit hochgekrempelten Ärmeln, Hosenbeinen und Strumpfhosen, immer bereit, völlig überladene Dreckkarren aus roten Sümpfen zu ziehen. Natürlich selbstlos: bei Wind und Wetter, den sauren Regen genauso wenig scheuend wie sibirische Kälte.

Dieser kleine Katechismus legt Zeugnis ab von vielen deutschen Männern und wenigen Frauen, die wissen, was sie sich und anderen in der Stunde der Not und der Wahrheit schuldig sind. Kein feiges Zurückweichen, kein Kneifen, sondern ein mutiges Anpacken der Mieten, Renten, Schulden, Arbeitslosen. Endlich braucht sich der Leistungsdeutsche nicht mehr zu verstecken, auch nicht verbal. Es wird wieder Tacheles geredet, und

es wird vor allen Dingen wieder laut gelacht von der Etsch bis an den Belt. Vorbei sind die Zeiten der ewigen Miesmacher, der subventionierten Systemveränderer. Klare Köpfe – saubere Wände. Vor allen Dingen klare Verhältnisse: kein Entspannungsgeschwätz mehr, die deutsche Frau als Mutter gehört wieder an den Kochtopf und kann endlich nachts wieder unbehelligt von deutschem und ausländischem Gesindel über unsere Straßen schreiten. Und jedem Steuerzahler die doppelte Menge atomaren Sprengstoffs, damit es wenigstens richtig knallt, wenn es schon knallt. Wer zuletzt lacht, lacht als Kanzler, oder: den letzten beißen die Hunde, nachdem alle anderen vor ihm schon dem Hattenbachsyndrom zum Opfer gefallen sind.
Wer das gesammelte Spruchgut der hier vereinten mehr oder weniger Großen der Schwesterparteien gelesen hat, weiß, daß die Unionspolitiker ihn nie mehr alleine lassen werden. Schließlich muß in diesem unserem krisengeschüttelten Land jeder Volksgenosse mit anpacken, wenn er nicht selbst geschüttelt werden will. Erst wenn die Reichen noch reicher, die Mieten noch kräftiger steigen werden, die soziale Hängematte gekappt sein wird, die Gewerkschaften aufgelöst, alle Köpfe an die dazugehörigen Kabel angeschlossen, die Frauen wieder in ihre traditionellen Schranken verwiesen und wir endlich vor dem Datenschutz geschützt werden, kann das deutsche Volk wieder aufatmen.
Diese kleine Zitatensammlung wurde für alle Vergeßlichen zusammengestellt und für all jene, die immer noch glauben, Franz Josef Strauß sei der einzige Radi-

kale im öffentlichen Dienst. Längst hat sich der ewig schwitzende Bayer in den grau in grauen Zellen seiner CDU-Kollegen häuslich eingerichtet. Ja, Ministranten vom Schlage eines Blüm, Geißler, Zimmermann und Spranger haben auf einigen Gebieten den greisen Meister aller Sprücheklopfer schon frech überrundet. Dieses Buch belegt, daß die CDU dabei ist, ihren Strauß noch rechts zu überholen.
In diesem Band kommt das anständige Deutschland in Stil und Würde kräftig zu Wort, vor allen Dingen auch als Warnung für all jene, die immer noch nicht wahrhaben wollen, daß der Wind sich kräftig gedreht hat.
Linksradikale Kritiker werfen den Unionschristen immer wieder vor, sie hätten auf alle drängenden Probleme keine Antworten. Na und? Schließlich können sie sich darauf berufen, daß sie diese Tatsache etwa der Hälfte der Bevölkerung bisher verheimlichen konnten.
Warnung: wer so wie die hier Versammelten redet, der handelt auch so. Niemand soll später sagen können, er habe davon wieder einmal nichts gewußt. So manch einem von uns macht es noch einen Riesenspaß, wenn der amtierende Spitzengrinser durch die Fotoateliers der Welt tölpelt und seine Triviallösungen von der ärmelhochkrempelnden Volksgemeinschaft aller anständigen Deutschen anbietet. Denn worüber sich der große Kohl auch gerade freut, den Schaden haben wir alle.
Wenn dieses ich zum wir wird, graust mir wieder vor uns.

Vorwort von Dieter Hildebrandt

Der Entschluß des Menschen, sich zu erheben, um Zweibeiner zu werden, hatte nicht nur positive Folgen für unsere Gattung.

Freilich erhoben wir uns dadurch ein wenig über das andere Kriechzeug auf Erden, hatten etwas mehr Übersicht und vielleicht noch eines:

Wir bekamen durch das Aufrichten zwei Arme frei, mit Hilfe deren wir einen Rindsknochen drohend schwingen konnten, um den futterneidischen Rivalen vom Leib zu halten – das heißt, der Mensch wurde schlagfertiger –, aber andererseits schaffte die neue Haltung auch ganz neue Probleme. Natürlich auch wiederum investitionsfreundliche, wirtschaftliche Impulse, denn man kann annehmen, daß in der Sekunde der menschlichen Haltungsänderung der Gedanke an die Gründung einer Möbelindustrie aufkam.

Was aber bedeutet dieser kleine ökonomische Fortschritt gegen die schwerwiegenden Veränderungen, die den menschlichen Körper und schließlich die Sprache der Menschen betrafen?

1. Wir wissen heute, daß das menschliche Skelett für den aufrechten Gang nicht geschaffen ist. Millionen Bandscheibenschäden bezeugen diesen Tatbestand.
2. Bot der auf allen vieren sich bewegende Mensch bis zum Moment des Aufrichtens dem Feinde nur eine kleine Körperfläche zum Angriff, so reckte er nun, in fast obszöner Weise, seinen ganzen Körper dem Gegner hin, bot ihm die empfindlichsten Körperstellen förmlich dar!

Nehmen wir einmal an, daß zu diesen empfindlichen Stellen auch der Kopf gehört und der Mensch schon in der Lage war, ihn zu mehr als zum Fressen oder Wegstoßen des Gegners von der Beute zu benutzen, so muß ihm notgedrungen der Gedanke gekommen sein: »Mensch, du brauchst etwas, um den Feind abzuschrecken. Etwas Fernwirksames.«

Und so kam er darauf, daß er eine Stimme hat. Und so setzte er sie ein.

Zunächst handelte es sich um dunkle Scheuchlaute, von einer Sprache, gar von einer Grammatik war noch nicht zu reden, aber gewisse Gesetzmäßigkeiten waren bereits festzustellen, wie auch angedeutete Halbwörter, die man heute vielleicht mit »Lügner«, »Verbrecher«, »Verräter«, »Schwein« oder »Ratte« übersetzen würde.

Heute, ein paar hunderttausend Jahre später, kann man bereits von einer Sprache sprechen, mit der man sich, sagen wir, nicht verständigen, aber doch gegenseitig verschrecken kann.

Natürlich müssen wir von jenen Menschen absehen, die Sprache als Transportmittel für geistige Inhalte benutzen, wie gewisse Dichter, Philosophen oder andere Schwarmgeister. Sie haben nie begriffen, daß Sprache in erster Linie der Blockierung und Verschleierung von Tatbeständen zu dienen hat.
Noch haben wir dieses wahre Sprachgefühl in uns nicht zur vollen Reife entwickelt, noch bewegen wir uns in einem utopischen Raum, glauben uns beschützt, aber der Tag ist nicht fern, an dem wir uns entscheiden müssen: entweder wieder herunterlassen auf die Hände oder zurück zur Verscheuch-Rhetorik, und zwar in affenartiger Geschwindigkeit!
Wo suchen wir aber diese Restbestände der Ursprache? Hie und da trifft man sie noch im Alltagsleben an. In der Sprache der Tiefseetaucher, mit der sie Haie vertreiben, aber auch in den Texten der Neuen Deutschen Welle, mit der sie Millionen Schallplatten vertreibt.
Aber ganz rein, ganz ungebrochen und wirksam in Einschüchterung, Vernebelung, Verleumdung und gezielter Verdummung hat sie sich in der Sprache des politischen Wahlkampfes erhalten.
Hier müssen wir weiter arbeiten!

Bei Drucklegung hatten die in diesem Büchlein zitierten Damen und Herren folgende Funktionen:

Hannelore Kohl, *des Kanzlers Ehefrau*
Helmut Kohl, *Bundeskanzler*
Franz Josef Strauß, *Bayerischer Ministerpräsident*
Norbert Blüm, *Arbeitsminister*
Oscar Schneider, *Bauminister*
Gerhard Stoltenberg, *Finanzminister*
Heiner Geißler, *Familienminister*
Heinz Riesenhuber, *Forschungsminister*
Jürgen Warnke, *Minister für wirtschaftliche Zusammenarbeit*
Dorothee Wilms, *Bildungsministerin*
Friedrich Zimmermann, *Innenminister*
Manfred Wörner, *Verteidigungsminister*
Christian Schwarz-Schilling, *Postminister*
Rainer Barzel, *Minister für innerdeutsche Beziehungen*
Alois Mertes, *Staatsminister*
Carl-Dieter Spranger, *Staatssekretär*
Philipp Jenninger, *Staatsminister*
Otto Regenspurger,
Behindertenbeauftragter der Bundesregierung
Uwe Barschel, *Schleswig-holsteinischer Ministerpräsident*
Ernst Albrecht, *Niedersächsischer Ministerpräsident*
Alfred Dregger, *CDU-Franktionsvorsitzender*
Richard Stücklen, *Bundestagspräsident*
Heinrich Lummer, *Berliner Innensenator*
Gerold Tandler, *Bayerischer Innenminister*
Jürgen G. Todenhöfer,
Abrüstungspolitischer Sprecher der CDU im Bundestag
Otto von Habsburg, *Mitglied des Europaparlaments*
Constantin Freiherr Heereman von Zuydtwyck,
Präsident des Deutschen Bauernverbandes

Hannelore Kohl

Mehr Glanz in Bonn bedeutet für mich mehr Herzlichkeit.

Welt am Sonntag, 12. Dezember 1982

Ich will nicht angeben, aber ich habe sechs Stunden neben Präsident Reagan gesessen und bin tief beeindruckt von seiner Menschlichkeit...

Welt am Sonntag, 12. Dezember 1982

Wenn ich Sie nur hier im Zimmer stehen sehe und Sie nichts tun und nichts sagen, dann guck' ich nur und weiß wenig. Wenn ich Sie mit Ihren Hunden, Freunden, Bildern oder im Kreise Ihrer Kollegen beobachten kann, dann erfahre ich viel mehr. Haben wir uns verstanden?

Welt am Sonntag, 12. Dezember 1982

Helmut Kohl

Es ist doch eine schöne Sache, über Kanzlerkandidaten zu reden und dabei Blutwurst zu essen.

Frankfurter Rundschau, 16. Oktober 1974

Eine gute Politik sieht über den Tellerrand des morgigen Abends ...

Bundestag, 30. Juni 1976

... wer dann noch dazu klatscht ..., der, meine Damen und Herren, zerschneidet das Handtuch der Gemeinsamkeit unter deutschen Demokraten.

Bundestag, 26. November 1975

Wir sind die stärkste demokratische Kraft in Europa. Wir sind unsinkbar.

Kieler Rundschau, 26. August 1982

Der Wind des Zeitgeistes weht heute da und morgen da. Und wer sich danach richtet, der wird vom Winde verweht.

Frankfurter Rundschau, 7. November 1977

Wir meinen, dies ist nicht nur die Stunde der Wahrheit für die Bundesregierung insgesamt. Das ist sie im hohen Maße.

ZDF, 15. September 1975

Wir wollen den Sozialismus bekämpfen, zu Lande, zu Wasser und in der Luft.
DIE ZEIT, 2. Juli 1976

Was nützt die beste Sozialpolitik, wenn die Kosaken kommen.
Quick, 7. Mai 1975

Für mich ist das eine ganz wichtige Frage: Welches Frauenbild schafft sich die CDU?
DIE WELT, 25. Juni 1973

Ich war in Hölderlin gut; außer mir hat keiner diese Passion gehabt, auch kein Lehrer.
ZEIT-Magazin, 20. August 1976

Ich bin ein verhinderter Bauer.
DIE WELT, 17. Mai 1969

Ja, das Biographisch-Politische mag ich gern. Ich bin einer, der Politik sehr stark aus der Geschichte heraus begreift. Sehen Sie ... hier wimmelt es von Geschichte. Die ganzen Wallenstein-Sachen hab' ich, Golo Mann, alles. Hier, hier steht er. – Kishon hab' ich hier auch... Wissen Sie, ich habe keinen Autor, auf den ich total stehe.
ZEIT-Magazin, 20. August 1976

Ich kann überall schlafen. Ich schlafe im Auto, ich schlafe im Flugzeug, ich schlafe im lauten Hubschrauber. Ich schlafe vor und - wenn Sie so wollen - nach, wenn ich einen entsprechenden Bedarf habe, und den habe ich immer! Gott sei Dank, daß ich so gut schlafe.

DIE WELT, 24. August 1976

Wenn man sich wie ich auf einen weiten Weg macht, dann ist es gut, Freunde zu haben, die für einen beten.

Stern, 21. Oktober 1982

Hier kommt es nicht darauf an, einen 100-Meter-Lauf zu gewinnen, sondern hier geht es wenigstens um einen 5 000-, vielleicht sogar um einen 10 000-Meter-Lauf. Sieger wird der sein, der den längeren Atem hat.

DIE WELT, 22. November 1974

Ich bin zunächst einmal dafür, daß wir die psychologische Grunddisposition in unserem Lande in dem weiten Bereich der Wirtschaftspolitik von Unsicherheit befreien ...

ZDF, 21. November 1974

Freiheit
oder
statt
Sozialismus
Der Statthalter
Aus Liebe zu Strauß

Dekan Fink war Gründungsmitglied der pfälzischen CDU. Bei Kaffee und Kuchen hat er uns Buben die ersten politischen Begriffe beigebracht. Da wurden auch Bücher zitiert. In meinem Elternhaus hatte es keine politischen Bücher gegeben. Das »Kapital« von Karl Marx hat mir der Dekan Fink in die Hand gedrückt. Ich habe das damals schon kapiert, mit sechzehn Jahren.

Quick, 7. Oktober 1982

Wer wie ich täglich im Mittelpunkt des Interesses steht...

ARD-Fernsehen (Tagesschau), 12. Oktober 1982

Das Ja zum Kind ist auch ein Ja zum Optimismus, zur Lebensfreude - zur Zukunft Deutschlands. (...)
Die Frauen sind ungeheuer im Kommen. (...)
Oft sagen mir Freunde aus dem Ausland: »Helmut, was habt ihr hier für tolle Frauen!«

BILD der Frau, 2. November 1982

Hier geht es um Menschen, hier geht es um Arbeitsplätze. Und das kann man dann nicht so ganz einfach runterreißen.

Zur Frage der Subvention der ARBED-Saarstahl GmbH, ZDF (heute), 5. November 1982

Amerika ist, wenn Sie so wollen, ein Kontinent. Viele Europäer, noch mehr Deutsche, vergessen, daß Amerika zwei Küsten hat, die atlantische und die pazifische.

DIE WELT, 5. November 1982

BILD: Von Gewerkschaftsseite ist von Faustrecht die Rede...
Kohl: Ich weiß nicht, in welchem Land die leben.

BILD, 6. November 1982

Ich gehe davon aus, daß ein jeder, der eine unternehmerische Position oder Funktion innehat, die Gesamtsituation unseres Volkes und des Landes sieht, und daß er sich zuerst als Bürger und Patriot versteht und dann als Unternehmer.

DIE WELT, 5. November 1982

Als 16jähriger Bub habe ich in der Schule auf dem Hof Milchsuppe bekommen...

BILD, 6. November 1982

Viele von Ihnen leben nicht mehr. Doch ich will daran erinnern, daß wir, die heute leben, auf ihren Schultern stehen.

Zum französischen Staatschef François Mitterand,
Frankfurter Rundschau, 6. November 1982

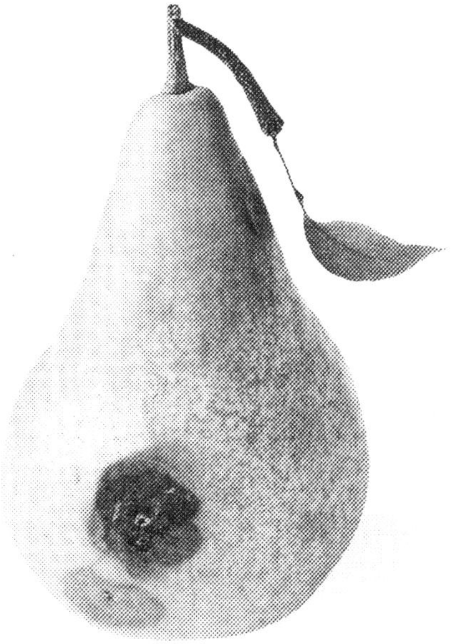

Ich bin der geistige Führer in diesem unserem krisengeschüttelten Land

Mir liegt sehr viel daran, dies auch heute abend in diese Stunde hineinzusprechen.

Sozialdemokratischer Informationsdienst, Saarbrücken, 18. November 1982

Ein unverkennbares Kernland Europas.

Über Luxemburg, Frankfurter Rundschau, 8. November 1982

Unsere jungen Leute sind nur hungrig, wenn sie am Donnerstag nichts essen dürfen, weil sie in der Schule geröntgt werden.

Frankfurter Rundschau, 9. November 1982

Es war ein in jeder Weise positiv motivierendes Gespräch, gekennzeichnet von einer demonstrativen herzlichen Freundlichkeit.

Nach seinem Treffen mit dem italienischen Staatspräsidenten Sandro Pertini, Frankfurter Rundschau, 20. November 1982

Ich als 1,93 m großer Mann habe oft mit Leuten zu tun, die 1,55 m groß sind – ich kann da ja nichts dafür. Aber da lernt man, mit kleineren Partnern umzugehen.

Mannheimer Morgen, 23. November 1982

Wir werden unseren Beitrag leisten und stehen zu beiden Teilen des NATO-Doppelbeschlusses. (...) Wir und die große Mehrheit des Volkes wollen, daß die Bundeswehr mitten in der Gesellschaft ihren Platz hat, daß auch das Prestige der Soldaten seinen Platz hat. Wir haben - und das gilt für alle Parteien - zuviel von Waffen gesprochen und zuwenig von der Idee der NATO. (...) Ich will heute für etwas demonstrieren - für die Bundeswehr.

Frankfurter Rundschau, 30. November 1982

Ich gehöre zur schnellen Truppe.

Bei der Bundeswehr in Koblenz, Frankfurter Rundschau, 30. November 1982

Wenn Sie jahrelang geglaubt haben, da ist einer, der ist ein Dorfdepp, der ist den Rhein raufgekommen, dann haben Sie jetzt ein Aha-Erlebnis.

DIE ZEIT, 10. Dezember 1982

Franz Josef Strauß

Über Kohl:

Ich bin zwar mit ihm befreundet, aber er ist ein Filzpantoffel-Politiker, das sage ich ihm auch selber.

Wirtschaftswoche, 9. März 1973

Herr Kohl ist ein außerordentlich erfolgreicher Ministerpräsident. Wo seine Grenzen liegen, muß er selber erkennen.

Stern, 17. Oktober 1974

Wenn doch der Helmut Kohl nur mal fünf Minuten so denken könnte wie Mao.

Bonner Rundschau, 28. Februar 1975

... ich halte Herrn Kohl, den ich nur im Wissen, den ich trotz meines Wissens um seine Unzulänglichkeit um des Friedens willen als Kanzlerkandidaten unterstützt habe, wird nie Kanzler werden.
Er ist total unfähig, ihm fehlen die charakterlichen, die geistigen und die politischen Voraussetzungen. Ihm fehlt alles dafür. Aber man kann unter Umständen mit jedem regieren. Das geht da auch noch. Aber nicht mehr in dem Zustand. Das Kapitel ist mit dem 3. Oktober abgemeldet.

Wienerwald-Rede, Der Spiegel, 29. November 1976

Es ist ja nicht so, daß Kohl etwa von seiten der CSU demontiert wird.

Der Spiegel, 2. Januar 1978

Und dann muß noch einer ganz scharf kritisiert werden: der Helmut ... Schmidt - da habe ich den richtigen Nachnamen grad noch erwischt.

Der Spiegel, 8. Januar 1979

Den sind wir so schnell nicht los. Mit dem werden wir noch Spaß haben.

Der Spiegel, 5. Februar 1979

Über Stoltenberg:

... ist zwar schon etwas besser als Kohl, aber auch kein großes Licht.

Stern, 17. April 1975

... den finden ja manche etwas spröde ... i bin halt a anderer Typ.

DIE WELT, 20. April 1979

Über Carstens:

Papenverschnitt

Stern, 17. April 1975

Man sollte einmal die, die für die Freiheit des Volkes angeblich kämpfen, dem Volk überlassen, dann braucht die Polizei und Justiz sich gar nicht mehr darum zu kümmern. Wir sind und bleiben Anhänger des Rechtsstaates.

CSU-Parteitag, 23./24. September 1977

Ich stehe für eine Politik, wie sie in den Jahren zwischen 1949 und 1969 betrieben worden ist. Und ich stehe auch für die Warnungen, die ich seit dem Herbst 1969 gegen eine Perversion der Politik der Entspannung ausgedrückt habe. Ich brauche nur an diese tumultuöse Szene im Bundestag zu erinnern, als kurz nach der Wahl Willy Brandts zum Kanzler der »Bayernkurier« sozusagen im Mittelpunkt der parlamentarischen Debatte stand, weil mein in der Zwischenzeit verstorbener Mitarbeiter Marcel Hepp einen Artikel mit der Überschrift gebracht hatte »Brandt als Kanzler des Ausverkaufs«.

Der Spiegel, 22. März 1982

Ich habe zu Hause so viele Waffen, daß ich eine ganze Polizeistation ausrüsten könnte.

DIE ZEIT, 8. Mai 1981

FREIHEIT
Es geht um die Wurst

BILD: Was spricht gegen das Gas-Geschäft?
Strauß: Es verstärkt unsere Abhängigkeit, und in Krisenzeiten könnten die Sowjets den Hahn zudrehen. Das gilt auch noch heute. Die Bundesregierung hat leider alle Warnungen in den Wind geschlagen, deutsche Arbeitsplätze nicht von Sowjetverträgen abhängig zu machen.

BILD, 26. Juli 1982

Darf ich zur Klarstellung sagen, daß es überhaupt keine Sonthofener Rede gibt, sondern daß ich, ohne vorher von meinem Glück eine Ahnung zu haben, damals vom Landesgruppenvorsitzenden der CSU gebeten worden bin, sozusagen aus dem Stegreif einen Diskussionsbeitrag zu leisten. Ich will heute, sechs Jahre später, nur sagen, daß dieser Beitrag zum richtigen Zeitpunkt gehalten wurde und die richtigen Warnungen enthielt.

Rheinischer Merkur, 10. Juli 1981

Wehner ist ein alter Kommunist, und wenn Kommunisten aus der Macht verdrängt werden, dann sprechen sie gewöhnlich von Komplott.

DIE ZEIT, 24. September 1982

Bei einer Nur-Unions-Regierung stehe ich selbstverständlich gemäß meiner Erfahrung, Verant-

wortung und meinem politischen Gewicht für diese oder jene Funktion unter Umständen zur Verfügung.
DIE ZEIT, 24. September 1982

Ich halte mich ja selbst für einen Liberalen.
DIE ZEIT, 1. Oktober 1982

Quick: Was halten Sie von dem Vorschlag einer Lohnpause - ist das wirklich zu Ende gedacht?
Strauß: ... Das wäre ordnungspolitisch falsch und im Ergebnis wirkungslos.
Quick, 28. Oktober 1982

Ich habe in meinen Sonthofener Äußerungen, seinerzeit verspottet, verhöhnt, beschimpft und angefeindet, in einer für mich heute selbst erschreckenden Weise die kommende Entwicklung vorausgeahnt und an die Wand gezeichnet.
DIE WELT, 6. November 1982

Die Bundesregierung muß die große Abrechnung mit der Vergangenheit vornehmen. Die Union kann das auch ihrem Koalitionspartner nicht ersparen, weil er selbst ein gerüttelt Maß an Verantwortung und Schuld für diese katastrophale Entwicklung tragen muß. Die Bundesregierung Schmidt/Genscher hat den wahren Stand der öffentlichen Finanzen entweder aus grober Unkenntnis oder aus böswilliger Täuschungsabsicht gegenüber dem Bürger verheimlicht.

DIE WELT, 6. November 1982

Ich bin der Meinung, daß Helmut Kohl heute der Anforderung, die das Amt an ihn stellt, gewachsen ist. (...) Helmut Kohl ist entwicklungsfähig und kann lernen. Helmut Kohl ist an seiner bundespolitischen Aufgabe als Fraktionsvorsitzender ohne jeden Zweifel gewachsen.

DIE WELT, 25. November 1982

Sie können sich darauf verlassen, daß ich bleibe, wie ich bin.

DIE ZEIT, 10. Dezember 1982

Ich habe nicht 13 Jahre gegen diese Ostpolitik gekämpft, um im 14. Jahr ihre Kontinuität zu verkünden.

Frankfurter Allgemeine Zeitung, 15. Dezember 1982

Norbert Blüm

Über Blüm:

Mit einem ausgeprägten Gespür für linkskonformistisches Verhalten – bei gleichzeitiger Einnahme distanzierender Reizpositionen gegenüber dem eigenen politischen Lager – hat es Blüm zeit seiner Karriere verstanden, mit dem Wind des Opportunismus im Rücken zu segeln.

Bayernkurier, 15. Juli 1978

Ich finde, es ist sinnvoller, die Mutter bleibt bei ihrem Kind, als der Vater ist arbeitslos.

Kieler Nachrichten, 10. Februar 1977

Wer als Familienpartner die Rollen von Mann und Frau nivelliert und sie für austauschbar erklärt, nimmt den familiären Binnenverhältnissen die Kontur und damit die Haltbarkeit. (...) Wir können sogar noch weitergehen und konstatieren, daß ein Teil der Gleichberechtigungsforderungen nichts anderes als die Vergewaltigung im Visier hat. Der Aufbruch der Emanzipation hat ja zunächst einmal überall die Vermännlichung befördert.

DIE WELT, 3. Mai 1980

Für die Sozialisten ist die Ehe ein Bündnis mit relativ kurzen Kündigungsfristen.

Frankfurter Rundschau, 28. September 1979

Im Angriff auf die Familie vollzieht sich ein Stück Rebarbarisierung. Die neuen Hunnen kommen nicht auf Pferden und mit Kampfgeschrei daher. Auf den Schleichwegen eines Fortschrittes, der sich als Emanzipation verkleidet, unterminieren sie die Familie. (...)
Zur Unterminierung der Familie genügt schon, ihre auf Lebensdauer angelegte Bindung in Frage zu stellen oder eine Ehegesetzgebung zu akzeptieren, die unter dem Stichwort der »Zerrüttung« eine Zeitautomatik in Gang setzt, gegen welche der Partner, der an der Ehe festhalten will, machtlos ist.

DIE WELT, 3. Mai 1980

Das Programm der Chancengleichheit dringt in den Mutterleib vor. (...)
Die Spuren der Gleichheitswalze zeigen sich auch in der zunehmenden Diffusion zwischen Öffentlichem und Privatem. Öffentlichkeit breitet sich aus wie ein Ölfleck. Was früher noch vornehmlich in der Privatsphäre lokalisiert war, wird jetzt in die Öffentlichkeit gedrängt. Erziehung zum Beispiel wird zur allgemeinen gesellschaftlichen Aufgabe erklärt, an der die Eltern bestenfalls mitwirken.

Frankfurter Allgemeine Zeitung, 19. Oktober 1982

Damit beansprucht der DGB nicht nur die Funktion einer Ersatzpartei, sondern geradezu einer Superpartei. Ostpolitik, Schwangerschaftsabbruch, Verjährung, das sind sicherlich ganz wichtige Fragen; und Fragen, die den Arbeitnehmer auch als Bürger interessieren müssen. Nur ist nicht alles, was wichtig ist, in die Zuständigkeit des DGB gegeben.

Handelsblatt, 18. April 1979

Es wird ernst. Das Wetterleuchten kommunistischer Unterwanderung des Deutschen Gewerkschaftsbundes hat sich in einen Donnerschlag verwandet.

Deutsche Zeitung, 12. September 1979

Doch das Experiment der Einheitsgewerkschaften funktioniert nur durch eine selbstgewählte Beschränkung der Gewerkschaften. Gewerkschaften, die sich um Schwangerschaftsabbruch, Verjährung, Ostverträge etc. kümmern, spalten die Einheitsgewerkschaften.

DIE WELT, 11. Oktober 1979

Wer wie Strauß das Wort von der Einheit der Union nur noch zur Durchsetzung seiner Person benutzt, der hat jede Legitimation verloren, über Einheit zu reden.

WELT am SONNTAG, 17. Juni 1979

Die Sozialausschüsse bevorzugen keine Diskussion mit Drohungen, den Vorsprung wollen wir schon der CSU lassen. (...)
Und wenn ich mich recht entsinne, hat er in Sonthofen selber die Programmlosigkeit als Politik empfohlen.

Neue Osnabrücker Zeitung, 23. Juni 1979

Ich sehe keine programmatischen Gegensätze zwischen CDU und CSU.

Rheinischer Merkur, 24. August 1979

Deshalb, Kolleginnen und Kollegen von den Gewerkschaften: Schlagt wegen Strauß nicht alles kurz und klein.

BILD, 18. Oktober 1979

Wir werden ohne Wenn und Aber mit Strauß in den Wahlkampf ziehen.

Auf der CDA-Bundeskonferenz für Betriebs- und Personalräte, dpa, 12. Januar 1980

Ich bleibe dabei: er hat Anspruch darauf, mit ganzer Kraft unterstützt zu werden.

Deutschlandfunk, 20. Mai 1980

Eine Initiative »Arbeitnehmer für Strauß«, die von 52 Betriebs- und Personalräten unterstützt wird, hat der Vorsitzende der CDU-Sozialausschüsse, Norbert Blüm, am Mittwoch in Bonn vorgestellt.

Stuttgarter Zeitung, 21. August 1980

Viele staatliche Schutzgesetze haben sich schon in der Vergangenheit als relativ grob herausgestellt. Wahrscheinlich wird der Staat mehr die Aufgabe des Grundschutzes leisten müssen, auf dem die Tarifpartner spezifische Lösungen durch Übereinkunft schaffen müssen. Das Jugendarbeitsschutzgesetz zum Beispiel bewies, daß eine perfekte staatliche Gesetzgebung einerseits die unterschiedlichen Branchenbedingungen nicht trifft und andererseits Hemmschuh eines tatsächlichen Schutzes ist.

Sonde 2/3-1980

Wir müssen bei der sozialen Sicherheit eine Atempause einlegen, um sie langfristig zu stabilisieren.

BILD am SONNTAG, 26. September 1982

Die Reichen
müssen noch
reicher
werden

Wählt
christdemokratisch

BILD: Der DGB kritisiert aber, daß die Unternehmer verschont werden...
Blüm: Ich sage dagegen: Wir haben unser Ziel erreicht. Mathematische Gerechtigkeit gibt es nur im Himmel.
BILD, 1. Oktober 1982

Früher hieß es: »Lehrjahre sind keine Herrenjahre«. Für die Studenten heißt das heute, daß Universitäten keine Rastplätze sind.
WELT am SONNTAG, 3. Oktober 1982

Wir kreisen die Solidaritäts-Verweigerer ein, und im nächsten Juli wird Bilanz gezogen. Wer dann nicht mitgemacht hat, der muß sich mit seinen Forderungen ganz hinten anstellen. (...)

Wir müssen den Sozialstaat entfetten durch mehr Selbsthilfe. (...)
... die larmoyante Generation hat ausgespielt. (...) Wenn man für alles eine Versicherung hat, dann gibt es doch nichts mehr, womit man selber fertig werden muß; auch keine Chance mehr zu scheitern. Was wäre das für eine Welt?
WELT am SONNTAG, 31. Oktober 1982

Oscar Schneider

Die Mieten müssen steigen

Wählt christdemokratisch

Der Streit um die Fortführung und Fertigstellung der Großschiffahrtsstraße Rhein-Main-Donau läuft Gefahr, politisch zu entarten.

CSU-Presse-Mitteilungen, 3. Dezember 1981

Es sind keine durchgreifenden Gründe dafür zu erkennen, den Weiterbau des Rhein-Main-Donau-Kanals zu stoppen. Dies widerspräche nicht nur der betriebs- und volkswirtschaftlichen Vernunft, auch überregionale deutsche und europäische Raumordnungsgesichtspunkte stehen dem entgegen.

CSU-Presse-Mitteilungen, 27. Januar 1982

... wenn ich Sie so reden höre, höre ich das schwefelgelbe Bein des sozialistischen Neides hinter Ihnen herklappern.

Deutscher Bundestag, 10. November 1982

Mieterhöhungen hat es immer gegeben und wird es immer geben. (...)
In den Ländern mit einer Wohnqualität, wie wir sie haben, pendeln die Mieten zwischen 20 und 25 Prozent. Das ist für viele nicht zu hoch und wäre den Bundesbürgern zuzumuten.

Quick, 28. Oktober 1982

Der überzogene Wohnraumkündigungsschutz muß beseitigt werden: Die Vertragsfreiheit zwischen Mieter und Vermieter muß grundsätzlich wieder hergestellt werden. Die Schutzinteressen der Mieter sind auf das sozial notwendige Maß zu beschränken. (...)
Das sogenannte Bauherrenmodell und deren wesentlicher Renditebestandteil, die Mehrwertsteueroption, sind beizubehalten.

Politische Studien, September/Oktober 1982

Gerhard Stoltenberg

Wir müssen im wesentlichen die geltenden Bestimmungen für den Staatsschutz, das heißt zur Verherrlichung von Gewalt und Kriminalität und gegen die Verleumdung unseres Staates, wieder auf den Stand von 1965 bringen.

NDR II, 15. September 1977

Länder und Gemeinden geben heute für Asylbewerber, die ja in erschreckender Anzahl zu uns gekommen sind, rund eine Milliarde Mark vor allem für Sozialhilfe und Unterbringung aus. Wir müssen feststellen, daß 90 Prozent der Asylbewerber hierher kommen, ohne daß ihnen nach dem Grundgesetz Asyl zustehen würde. Wenn wir ihre Zahl durch eine gesetzliche Neuregelung nur um die Hälfte herabdrücken könnten, würden wir eine halbe Milliarde sparen.

Rheinischer Merkur/Christ und Welt, 11. September 1981

Die Höhe des Arbeitslosengeldes kann nicht tabu sein. (...)
Es geht nicht nur darum, Wildwuchs zu beschneiden und Mißbrauch einzuschränken.

DIE ZEIT, 28. August 1981

... weitere drastische Kürzungen von Leistungsgesetzen, damit wir überhaupt wieder Mittel für

Investitionen freibekommen.
Quick, 7. Januar 1982

Wir brauchen eine Reform der Sozialpolitik, die von der geradezu gigantisch angewachsenen Umverteilung von Geldern wegführt und die knappen staatlichen Mittel gezielt und konzentriert den wirklich Schwachen und Hilfsbedürftigen zukommen läßt.
trend, Juni 1982

Aber wir brauchen auch ein neues Mietrecht. (...) Ohne eine verbesserte Ertragsaussicht und ein reformiertes Mietrecht ist nicht zu erkennen, daß wir die Krise im Wohnungsbau überwinden.
Rheinischer Merkur/Christ und Welt, 29. Januar 1982

Wir bezahlen heute einen deutlichen Preis für bestimmte Mißverständnisse. Die demokratische Öffnung zur kontroversen Debatte fast aller großen Themen, also die im Prinzip berechtigten Zweifel an vorgegebenen Autoritäten auch in den Wissenschaften und in der Wirtschaft, darf nicht zum allgemeinen Geschwätz ohne jede Kompetenz führen, wie wir es heute geradezu in atemberaubender Weise etwa in der Energiedebatte der Bundesrepublik erleben. (...)

Es ist in der Tat ein einmaliger Vorgang, jedenfalls für die Nachkriegszeit, daß die amtliche deutsche Politik in dieser zentralen Überlebensfrage unseres Landes seit einer Reihe von Jahren praktisch gelähmt wird, weil in den elektronischen Medien, in der sogenannten veröffentlichten Meinung, durch aktive Minderheiten in der Bevölkerung und in den Regierungsparteien Sorgen und Ängste geweckt wurden, die faktisch zur Blokkade dringend notwendiger Entscheidungen führen.

Manager Magazin, 1/1980

In ihren Übersteigerungen ... wird jetzt an dem apokalyptischen Bild einer völlig heillosen, von Selbstzerstörung und -vergiftung bestimmten Welt gemalt, mit starken Wirkungen auf sensible junge Menschen. (...) Der Vision einer »Bildungskatastrophe« von 1967, einer lebensgefährlichen »technologischen Lücke« von 1969, Übertreibungen, wie wir heute wissen, folgt so das Schreckensbild der »Umweltkatastrophe von 1981.

Pressemitteilung der Westdeutschen Rektorenkonferenz, 4./5. Mai 1981

Heiner Geißler

CDU-Generalsekretär Geißler legte am 11. Oktober 1977 eine »Dokumentation« der CDU-Bundesgeschäftsstelle, Hauptabteilung Politik, unter dem Titel »Terrorismus in der Bundesrepublik Deutschland – Eine Auwahl von Zitaten –« vor. Aufgeführt werden neben SPD- und FDP-Politikern: Heinrich Böll, Alexander Mitscherlich, Bundesverfassungsrichter Helmut Simon, Iring Fetscher, Günter Grass, Helmut Gollwitzer, Günter Wallraff, mehrere Journalisten u. a.

Dieser Staat und die politischen Parteien haben einen Vertrauensvorschuß der Bevölkerung verdient. Das heißt, wir müssen nicht bei jeder Maßnahme der Exekutive immer gleich hinterher rechtfertigen, daß dies rechtsstaatliche Maßnahmen gewesen sind, sondern es handelt sich bei der Bundesrepublik Deutschland um ein festgefügtes, freiheitlich-rechtsstaatliches Staatswesen, in dem Männer und Frauen wirken, die sich als zuverlässige Demokraten bewährt haben. Und aus diesem Grunde haben sie Anspruch darauf, daß man ihnen auch in der Ausübung schwierigster polizeilicher Maßnahmen rechtsstaatlich vertrauen kann.

Deutschlandfunk, 15. September 1977

Besteht ein Recht auf KV auch dann noch, wenn von einer bestimmten Anzahl an die Ausübung dieses Rechts die Existenz des Staates aufs Spiel setzt. (...)
Die Entscheidung muß zugunsten der Gewissensfreiheit fallen, weil der Zwang zum Kriegsdienst gegen das Gewissen mit Sicherheit die Menschenwürde verletzt, während mit dem Verzicht auf Verteidigung anderer Güter ein entsprechender Verletzungsvorgang zunächst einmal nicht notwendig verbunden ist. (...)
Selbst dann, wenn der ins Land fallende Aggressor nun seinerseits die Gewissensfreiheit und die Menschenwürde angreift, die der Staat gemäß Art. 1 I GG zu »schützen« verpflichtet ist, muß die Gemeinschaft auf die Verteidigung verzichten, wenn sie dieser Schutzpflicht nur dadurch nachkommen kann, daß sie selbst das zu schützende Gut angreift und verletzt. Sie würde sich dadurch zu dem Unrechtsstaat deklassieren, gegen den sie sich verteidigen will.

Aus Geißlers Dissertation, Reutlingen, 1960

Wir sagen: Wenn ihr den Wehrdienst verweigert, dann sollt ihr einen längeren zivilen Ersatzdienst leisten. Dies ist also ein Dienst, der wesentlich länger dauert als der Wehrdienst, und dann müßt ihr euch prüfen, ob eure Gewissensbedenken so ernst sind, so wichtig sind, daß ihr dieses Handikap auf euch nehmt.

Deutschlandfunk, 7. Oktober 1982

Im Interesse der jungen Bürger hat die Bundesregierung eine einwandfreie und praktikable Neuregelung des Rechts auf Wehrdienstverweigerung und des Zivildienstes geschaffen.

Welt der Arbeit, 30. Dezember 1982

Willy Brandt kniete als erster sozialdemokratischer Bundeskanzler im Warschauer Judenghetto nieder. Der zweite SPD-Kanzler will vor den arabischen Feinden Israels und ihrem Öl in die Knie gehen.

BILD am SONNTAG, 3. Mai 1981

Unser Bildungswesen ist, wenn es nicht verdorren soll, auf Konkurrenz angewiesen. Daher müssen staatlich anerkannte Privatschulen und Schulen in freier Trägerschaft verstärkt gefördert werden.

Rheinischer Merkur/Christ und Welt, 9. Oktober 1981

Die CDU will, wo nötig, eine Reform der Bildungs»reform« einleiten und durchsetzen.

Münchner Merkur, 17. Oktober 1981

Studenten, die dem RCDS nahestehen, konzentrieren sich auf ihr Studium und schließen dieses dann auch ab. Hochschulpolitik nimmt für sie nur einen geringeren Stellenwert ein. Linke Studenten dagegen machen lieber Hochschulpolitik, als im Hörsaal zu lernen. Ihr Studium führen sie dann auch häufig nicht zu Ende. Wie sollten sie auch. Wo sie dann landen, wissen wir, als Redakteure oder wenigstens als freie Mitarbeiter beim WDR, na ja, und auch beim NDR.

Frankfurter Rundschau, 21. Januar 1982

Wir haben nur dann eine echte Chance beim Wähler, wenn die Leute uns zwei Dinge abnehmen: Die CDU kann's mit den Gewerkschaften und mit den Russen.

Stern, 15. Oktober 1981

Aber es gibt auch Punkte, über die wir mit dem DGB nicht zu einer Übereinstimmung kommen können, zum Beispiel die Frage der Waffengleichheit bei den Arbeitskämpfen, Streik und Aussperrung.

Westdeutsche Zeitung, 20. Mai 1982

Es ist das Ziel der Politik der CDU, den Sozialstaat Bundesrepublik Deutschland nicht verwildern zu lassen, so wie dies in den vergangenen Jahren geschehen ist.

Welt der Arbeit, 22. April 1982

Die sozialen Leistungen müssen sich auf die konzentrieren, die sich selber nicht helfen können.

Stern, 2. Juli 1981

Die Fortführung der Mitbestimmungsdiskussion ist sinnvoll, wenn die Wirtschaft mal wieder Boden unter die Füße kriegt und wir nicht mit zwei Millionen Arbeitslosen rechnen müssen.

Welt der Arbeit, 22. Juli 1982

Immer dann, wenn ich die eindeutige Linie der Partei vertreten habe, gab es die großen Kräche mit Kohl und der CSU.

Der Spiegel, 14. Juni 1982

Man kann mit Windmühlen nicht die Hochöfen bei Hoechst betreiben.

Frankfurter Rundschau, 21. Dezember 1982

Es werden Umfragen kolportiert, daß sogar CDU-Anhänger Helmut Kohl zum Kanzler wählen würden.

Versprecher von Heiner Geißler, auf dem Deutschlandtag der Jungen Union in Berlin, DIE WELT, 22. Januar 1979

An alle Mieter!

Jetzt können Sie endlich wählen: zwischen Mieterhöhung und Kündigung

Ihre Mietrechtskoalition
CDUFDPCSU

Die SPD ist außerdem die Partei der Unwahrhaftigkeit, der Irreführung, der Täuschung des Wählers.

WELT am SONNTAG, 9. Januar 1983

Geißler zitierte Brecht: »Wer die Wahrheit nicht weiß, ist nur ein Dummkopf. Wer die Wahrheit weiß und Lüge nennt, ist ein Verbrecher.« Geißler fügte hinzu: »Die anständigen Deutschen müssen sich von dieser Politik distanzieren am 6. März.«

WELT am SONNTAG, 9. Januar 1983

BILD: Das legt den Schluß nahe, wer trotzdem SPD wählt, ist unanständig. Müssen Sie dieses böse Wort zurücknehmen?
Geißler: Dafür gibt es gar keinen Grund. Es stimmt doch: die SPD ist unanständig und unmoralisch. (...)
BILD: Sie haben auf die SPD gemünzt Brecht zitiert: Wer die Wahrheit weiß und sie Lüge nennt, ist ein Verbrecher.
Geißler: Ich stehe dazu.

BILD, 4. Januar 1983

Heinz Riesenhuber

Wir brauchen entscheidend mehr Kernkraft, als derzeit im Bau ist.

Pressedienst der CDU/CSU-Bundestagsfraktion, 26. Mai 1981

Der Schnelle Brüter ist kein fiskalisches Sparschwein.

Deutschland-Union-Dienst, 30. April 1981

Milhan: Sind denn Ihrer Ansicht nach energiepolitische Entscheidungen nötig?
Riesenhuber: Nötig wäre beispielsweise, daß die Kernenergie tatsächlich durchgesetzt wird. Hier kommt es weniger an auf technokratische Details, sondern es kommt darauf an, daß der Wille, die Kernenergie einzusetzen, über allgemeine Formulierungen von einem begrenzten Einsatz hinaus, eindeutig wird.

WDR III (Das Mosaik), 25. November 1980

Wenn man der Ansicht ist, daß die Langzeitzwischenlagerung, die bei jedem der jetzt diskutierten Zwischenlagerungskonzepte vorzusehen ist, ein zusätzliches Risiko gegenüber dem jetzt gültigen Atomgesetz für die Genehmigung neuer Kernkraftwerke darstellt, muß das Atomgesetz geändert werden.

SFB, 25. August 1979

Jürgen Warnke

So einfach geht es nicht, daß wir die Verantwortung für die ganze Welt auf uns nehmen. Die anderen haben ihre Verantwortung zu schultern, so wie wir die unsere schultern.

Deutscher Bundestag, 28. Oktober 1982

Wir müssen aufpassen, daß man uns in der Dritten Welt nicht die Butter vom Brot nimmt, daß auf einmal die deutsche Wirtschaft dort nicht gegenwärtig ist und damit auch Chancen verliert, dorthin zu exportieren.

Bayerischer Rundfunk, 23. Oktober 1982

Das Bundesministerium für wirtschaftliche Zusammenarbeit hat eine Kinderfibel herausgebracht, bei der wieder einmal die Konfliktstrategen am Werke sind. (...)
Stimmt die Bundesregierung der in der Fibel vertretenen Auffassung zu: »Wo der Kakao wächst, sollte auch die Schokolade gemacht werden?«

Anfrage im Deutschen Bundestag in: CSU-Presse-Mitteilungen, 10. März 1982

Wer uns ans Schienbein tritt, darf natürlich nicht damit rechnen, als bevorzugter Partner behandelt zu werden. Künftig wird Bonn allen Empfänger-Ländern unsere Vorstellungen unterbreiten.

DIE ZEIT, 3. Dezember 1982

Dorothee Wilms

Ausbildungshemmnisse ergeben sich in vielen Betrieben und Branchen durch die sehr strikten Bestimmungen des Jugendarbeitsschutzgesetzes. (...)
Gerade kleine und mittlere Betriebe des Handwerks und des Handels leiden unter den zum Teil überaus restriktiven Bestimmungen des Jugendarbeitsschutzgesetzes; Lockerungen erweisen sich hier als notwendig, ohne daß dabei der erforderliche Schutz der Jugend in irgendeiner Weise tangiert werden darf.

Die Frau in der offenen Gesellschaft, März 1978

Wir ... lehnen aber ein zehntes obligatorisches Hauptschuljahr ab, weil es den Bedürfnissen der schulmüden, an praktischer Ausbildung interessierten Jugendlichen zuwiderläuft.

Deutschland-Union-Dienst, 6. Juli 1978

Der übermäßige Ausbau überbetrieblicher Einrichtungen als Vollausbildungszentren, das heißt als dritter Lernort, führt zur Aushöhlung der betrieblichen Ausbildung und zur Zerstörung des dualen Systems in seiner Substanz.

Deutschland-Union-Dienst, 7. Mai 1980

Die CDU wird alles in ihrer Kraft Stehende tun, um zu verhindern, daß das bewährte System dua-

Alternative '76
CDU
Sicher in die 50er Jahre

ler Ausbildung durch staatliche Eingriffe zerstört wird.

Deutschland-Union-Dienst, 13. April 1981

Die Politik der Union für die Jugend richtet sich aus an den Bedürfnissen und Äußerungen der überwiegenden Zahl von Jugendlichen, die den Staat und seine rechtliche und soziale Ordnung bei aller Kritik im Detail bejahen und für ihn einstehen. Nicht die Krawallmacher und Rechtsbrecher finden unser Interesse und sind Maßstab für unser politisches Handeln, sondern diejenigen, die mit uns gemeinsam sich um die Verbesserungen der Zukunftschancen der Jugend bemühen. (...)

Den Dialog mit dieser schweigenden Mehrheit der Jugend weiterzuführen, wird für die Partei vor allem auch Aufgabe der nächsten Monate sein. Hierbei dürfen wir nicht vor kontroversen Diskussionen zurückschrecken.

Deutschland-Union-Dienst, 21. Juli 1981

Friedrich Zimmermann

Orden und Ehrungen:

Großes Bundesverdienstkreuz mit Stern des Verdienstordens der Bundesrepublik Deutschland, Bayerischer Verdienstorden, Kommandeursstern des Ordens der Isabella la Catolica (Spanien).

Das Amtsgericht Starnberg entschied, man dürfe ihn »Old Schwurhand« nennen, da dieser Ausdruck besage, »daß die so bezeichnete Person schon öfters geschworen hat oder gern die Hand zum Schwur erhebt, wobei die zugrunde liegenden Aussagen vielleicht in mancher Beziehung bedenklich sind«.
»Meineidbauer« dagegen, so definierte dasselbe Gericht, dürfe man Dr. Friedrich Zimmermann nicht nennen, da diese »Behauptung einen erheblichen kriminellen Vorwurf« beinhalte. Die »Süddeutsche Zeitung« kommentierte: Das sei einsichtig, denn schließlich sei Zimmermann ja kein Bauer.

Stern, 25. Mai 1976

Mal muß man sich die Hände dreckig machen, dann muß man sie sich eben waschen.

DIE ZEIT, 6. September 1963

»Mal muß man sich die Hände dreckig machen, dann muß man sie sich eben waschen.«

Friedrich Zimmermann, 1962
anläßlich der FIBAG-Affäre

Strauß hat zum Wohle des deutschen Volkes gelogen.

Nach der »Spiegel«-Affäre, DIE ZEIT, 23. September 1966

Diese Kampagnen ..., die sind sonderbarerweise immer dann wieder aufgetaucht nach Jahren der Ruhe, wenn für Friedrich Zimmermann irgendein Amt von Bedeutung, sei es parlamentarisch oder politisch, anstand. (...) Nur das eine überrascht mich immer wieder: Genau diejenigen, die also den Täter resozialisieren wollen und die möglichst schon nach kurzer Zeit keine Auskunft mehr geben wollen, wer was getan hat, die sind ganz gnadenlos, wenn es um Dinge geht, die 23 Jahre alt sind.

ARD-Fernsehen (Report), 2. November 1982

Zwar sind auch in Chile die Menschenrechte nicht voll verwirklicht. Die Militärregierung, die sich im Gegensatz zu jedem kommunistischen System nur als vorübergehend begreift, ist jedoch notwendig geworden, um ein ehedem nicht gerade unglückliches Land einem von Sozialisten verursachten Chaos unvorstellbaren Ausmaßes zu entreißen.

CSU-Presse-Mitteilungen, 9. Dezember 1977

Angesichts dieser Tatsache halte ich auch die Überlegung, daß die Strafgefangenen nun nicht Gegenstand eines Erpressungsversuchs sein könnten, wenn sie nicht zu lebenslanger Freiheitsstrafe, sondern zum Tode verurteilt worden wären, für legitim.

DIE WELT, 14. September 1977

Bei uns weiß die Bevölkerung, daß wir die Kernenergie für unverzichtbar halten.

Quick, 26. Februar 1981

Die CSU ist entschieden für Freiheit auf dem Medienmarkt. Das Monopol der öffentlich-rechtlichen Rundfunk- und Fernsehanstalten ist weder technisch noch politisch zu halten. (...)
Die Zukunft gehört der Medienvielfalt, den öffentlich-rechtlichen ebenso wie den neuen privatrechtlichen Rundfunk- und Fernsehanstalten.

Bayernkurier, 18. Juli 1981

Wenn die Gegner des Rhein-Main-Donau-Kanals die Vernichtung einer Krötenart beklagen, dann sage ich: Lieber weniger Kröten als mehr Arbeitslose.

WELT am SONNTAG, 21. Februar 1982

Der bis 1970 geltende Tatbestand des Landfriedensbruchs muß wieder in das Strafrecht aufgenommen werden.

Augsburger Allgemeine, 13. Februar 1981

Wenn es bei einem Europacupspiel zu Krawallen auf den Zuschauerrängen im Fußballstadion kommt, so sind das unliebsame und möglichst zu vermeidende Begleiterscheinungen. Das wichtigste bleibt jedoch das Spiel selbst und das Ergebnis. Übertragen auf Demonstrationen heißt das: Nicht Gewalttätigkeiten sind das Unterscheidungsmerkmal für die Beurteilung von Demonstrationen, sondern die Inhalte, die Zielsetzung.

Pressemitteilung der CSU-Landesgruppe im Bundestag,
22. Oktober 1981

Ich stehe auf dem Standpunkt: Die Bundesrepublik Deutschland sollte Waffen dahin liefern, wo es ihren existentiellen Interessen dient.

DIE WELT, 16. Januar 1981

Mit der Neutronenwaffe im sonstigen Arsenal Westeuropas komplettiert, würde die Abschrekkung ohne jeden Zweifel glaubwürdiger werden.

Unter diesem Gesichtspunkt sollten wir die Diskussion versachlichen.

Deutschlandfunk, 22. Februar 1981

Bei uns weiß man auch, daß wir zum Nachrüstungsbeschluß der NATO ohne Punkt und Komma stehen.

Quick, 26. Februar 1981

... muß der Westen unter der erstarkten Führung der USA darangehen, ein weltweites Konzept der Friedenssicherung und der Rohstoffversorgung zu entwickeln.

Bayernkurier, 4. April 1981

Die Union wurde als Partei der Nachrüstung, als Partei der Bundeswehr angegriffen. Das ist für uns höchst ehrenvoll!

Bayernkurier, 23. Mai 1981

Gerade hier zeigt sich daher die friedenserhaltende Funktion von Atomwaffen. Es wäre geradezu töricht, auf atomare Träger in Europa zu verzichten.

Bayernkurier, 29. Mai 1982

Brandt hat die Entspannungspolitik mystifizeirt und damit unkorrigierbar gemacht.

Augsburger Allgemeine, 3. Juli 1981

Es wird Zeit, daß der Westen aus seinen seligen Entspannungsträumen aufwacht.

BILD, 7. Januar 1982

Die SPD/FDP-Koalition hat sich auf die Einbahnstraße ihrer Entspannungspolitik begeben, die noch dazu abschüssig ist – und deren Ende im Kreml liegt.

BILD am SONNTAG, 7. März 1982

Eine Fortführung der illusionären Entspannungspolitik ist nicht mehr möglich.

Bayernkurier, 19. Juni 1982

Moskau muß deutlich gemacht werden, daß Sanktionen auch die Sowjetunion als den Verursacher der polnischen Verträge treffen. Nur diese Sprache wird dort verstanden.

DIE WELT, 12. Januar 1982

Vernünftige Beziehungen mit der Sowjetunion sind unter den obwaltenden Umständen jetzt nicht möglich. (...) Wir haben doch das Geld nicht zum Herschenken an Ostblockstaaten, die wegen ihrer maroden Wirtschaft, wegen ihres kollektiven Systems das Wirtschaften nicht gelernt haben.

ZDF, 20. Januar 1982

Innenpolitisch muß die Unterwanderung unserer Demokratie durch Kommunisten und Chaoten gestoppt werden.

Bayernkurier, 16. Januar 1982

Wir müssen die Flut der Asylanten eindämmen. (. . .) Wir müssen die Asylverfahren beschleunigen und die Kontrollen verschärfen. Man könnte zum Beispiel Sammellager an der Grenze errichten, wo das Asylverfahren sofort abgewickelt wird. Das würde viele abschrecken. Es kann nicht das Ziel unserer Ausländerpolitik sein, immer mehr Ausländer ins Land kommen zu lassen; die hier - wie besonders die islamischen Arbeitnehmer aus der Türkei - einen Fremdkörper bilden. (. . .) Die Aufenthaltserlaubnis muß an den Arbeitsplatz gekoppelt werden. Wer keine Arbeit hat, muß eben gehen.

BILD, 27. März 1982

Erstens: Ich bin ein bayerischer Liberaler. Zweitens: Was hat denn Liberalität mit der Sorge um Sicherheit und Recht in der Bundesrepublik Deutschland zu tun?

Münchner Merkur, 29. November 1982

Ich schwöre.

Deutscher Bundestag, 4. Oktober 1982

Dem schiaßt's Bluat scho wieda in'n Kopf, den muaß ma bremsen.

Franz Josef Strauß über Zimmermann,
Der Spiegel, 13. Dezember 1982

Manfred Wörner

Die Präsenz der NATO im Mittelmeer sollte durch Entsendung eines multinationalen Flottenverbandes verstärkt werden. Auch die Bundesrepublik Deutschland sollte sich daran beteiligen.

Pressedienst der CDU/CSU-Bundestagsfraktion, 27. Mai 1975

Es wäre absurd, einer solchen europäischen Streitmacht die nukleare Komponente vorenthalten zu wollen.

Deutschland-Magazin, 1/1976)

Es ist doch vorstellbar, daß ein NATO-Flottenverband auch südlich der jetzt geltenden Begrenzung operiert und Flagge zeigt. Nicht um in die Unabhängigkeit afrikanischer Staaten einzugreifen, sondern um deutlich zu machen, daß die NATO es nicht hinnimmt, daß irgendeine fremde Macht sich Afrika unterjocht. (...)
Ich bin ein überzeugter Verfechter der Auffassung, daß Europa langfristig nur dann eine Überlebenschance hat, wenn es sich auch politisch, wirtschaftlich und militärisch zusammenschließt. Deshalb halte ich nach wie vor die Verwirklichung der EVG für ein wichtiges Ziel deutscher Politik.

General-Anzeiger, 26. Mai 1977

Die Neutronenwaffe, verglichen mit dem jetzt vorhandenen taktisch-nuklearen Potential, mindert eben nicht nur Schäden an Gebäuden, sondern vor allen Dingen auch an Menschen. Sie ist eine Waffe, die der im Bündnis seit jeher geforderten Schadensbegrenzung gerade für die Zivilbevölkerung entspricht.

Im Bundestag, 8. September 1977

Der Westen muß die strategische Interessengemeinsamkeit mit China erkennen und zielstrebig ausbauen und die wechselseitigen Kontakte enger und dauerhafter knüpfen.

Das Parlament, 16. September 1978

Seit Jahren rede ich von der NATO als der Schicksalsgemeinschaft der westlichen Welt, die sich weit über ein bloß militärisches Verteidigungsbündnis hinaus entwickeln muß. Seit Jahren spreche ich davon, daß wir nicht nur an der europäischen Front und im afrikanischen Hinterland, sondern auch in der weltpolitischen Schlüsselregion der mittelöstlichen Ölquellen ausreichend verteidigt werden müssen, daß also die geographische Begrenzung der NATO überholt sei. Man hat mich dafür angegriffen und verlacht. (...) Unabdingbar ist eine verstärkte militärische Prä-

senz der USA im Indischen Ozean und im Nahen Osten. Wir begrüßen nachdrücklich die Absicht der Vereinigten Staaten, eine Eingreiftruppe aufzustellen. (...)
Nicht minder wichtig ist die Stabilisierung und eine Schutzgarantie für jene Staaten, die besonders bedroht sind. Ich denke etwa an Pakistan, an Saudi Arabien, Ägypten, Israel, aber auch an die Türkei als unseren NATO-Partner.

Auf dem sicherheitspolitischen Kongreß der CDU in Bonn, 11./12. Januar 1980

Gegenüber unserer Zeitung erklärte Wörner, er könne sich vorstellen, daß die NATO zu dieser Eingreiftruppe wenigstens »ein symbolisches Truppenkontingent« abstellt.

Stuttgarter Nachrichten, 12. Januar 1980

Entspannungspolitik muß eine wünschenswerte Option sein, aber keine Politik ohne Alternative.

DIE WELT, 11. Februar 1980

Es bedarf einer gemeinsamen Krisenplanung des Westens als Voraussetzung erfolgreicher Krisenbewältigung, unter anderem auch zur Sicherung der Rohstoff- und Energieversorgung. (...) Diese Aufgabe übersteigt den Rahmen der NATO. Es

Alle
reden vom
Frieden
Wir nicht.
Zweckverband der Rüstungsindustrie

muß eine Struktur gefunden werden, die es erlaubt, Japan, Australien und Neuseeland mit einzubeziehen.

Deutschland-Union-Dienst, 5. Januar 1981

In Europa und der Bundesrepublik Deutschland geraten einige der geistig-moralischen Voraussetzungen für eine wirksame Verteidigung ins Wanken. Das Gefühl der Bedrohung schwindet, ein unkritischer wirklichkeitsblinder Pazifismus greift in Teilen der Bevölkerung um sich, der Widerstand gegen eine Modernisierung der Waffen (insbesondere der Nuklearwaffen) versteift sich, und die Fähigkeit der Bevölkerung, auch Zeiten der Spannung zu ertragen, läßt spürbar nach.

Pressedienst der CDU/CSU-Bundestagsfraktion, 21. Februar 1981

Und für uns muß Vorrang haben die Verwirklichung des sogenannten Nachrüstungsbeschlusses, also die Modernisierung der Mittelstreckenwaffen, dem haben sich im Moment andere Dinge unterzuordnen.

ZDF, 4. Februar 1981

Die Nachrüstung ist eine gebieterische militärische wie politische Notwendigkeit. Wer die

Nachrüstung torpediert, muß wissen, daß er die Bundesrepublik Deutschland verteidigungsunfähig macht...

trend, März 1981

Der Begriff Spannungsgebiete taugt nichts. Er schadet uns mehr, als daß er uns nützt. (...) Es ist besser, diesen Begriff fallen zu lassen und zu ersetzen durch die außenpolitischen Interessen, die sicherheitspolitischen Interessen der Bundesrepublik Deutschland, also unser Sicherheitsinteresse, unser Friedensinteresse auf der ganzen Welt.

ZDF, 26. April 1981

An der notwendigen Nachrüstung des Westens mit modernen atomaren Mittelstreckenwaffen führt kein Weg vorbei.

Bayernkurier, 4. April 1981

Brandt... hat die Illusion genährt, daß vom Prinzip her die Nulloption bei der Raketenrüstung noch möglich sei.

Im Bundestag, 3. Juni 1981

Um die ununterbrochene Zufuhr von Energie und Rohstoffen auch künftig sicherzustellen, müssen die Europäer einen Beitrag dazu leisten:

- die Lage im nahen und mittleren Osten, insbesondere die Golfregion stabilisieren,
- ein weiteres Vordringen der Sowjetunion in dieser Region verhindern,
- die Seewege nach Europa absichern und den Zugang zum südlichen Afrika erhalten...

Pressedienst der CDU/CSU-Bundestagsfraktion, 26. Januar 1982

Eine Politik des militärischen Gleichgewichts bedeutet schließlich, daß der Westen die Gefährdung seiner Sicherheit aus Bereichen außerhalb des Vertragsgebietes der Atlantischen Allianz erkennt und entsprechende politische und militärische Vorsorge trifft.

VZ, Februar 1982

Ich lehne sie (eine atomwaffenfreie Zone in Europa) mit Entschiedenheit ab. Atomwaffenfreie Zonen verhindern nicht den Nuklearkrieg, ich fürchte, sie würden dazu führen, daß er kommen muß.

ZDF, 8. Dezember 1982

Christian Schwarz-Schilling

Schwarz-Schilling, der die Republik verkabeln will, war geschäftlich an Kabelprojekten beteiligt. Die Firma seiner Frau erledigt Aufträge für die Post. (...)
Der CDU-Politiker habe die Anteile »Ende September« – präziser: wenige Stunden vor seiner Vereidigung als Minister – abgetreten.

Der Spiegel, 8. November 1982

Derzeit bereite die Post Kooperationsverträge für Verkabelungen mit allen in Frage kommenden Unternehmen vor, die von Schwarz-Schilling mit »vier bis fünf« angegeben wurden, darunter auch seine PKK.

Frankfurter Rundschau, 2. Dezember 1982

Es ist vielmehr sehr ernsthaft zu prüfen, ob durch die Hinzufügung anders organisierter elektronischer Medien auch die öffentlich-rechtlichen Anstalten eher dazu veranlaßt werden, die Fehlentwicklungen, die ich aufgezeigt habe, zu korrigieren. Wenn Meinungsvielfalt, objektive Berichterstattung, Ausgewogenheit etc. bei vielen Mitarbeitern öffentlich-rechtlicher Anstalten nur ein müdes Lächeln hervorrufen und für rundfunkpolitisch keineswegs relevant angesehen werden, so ist eben der einzige Weg, Meinungsvielfalt auch im Bewußtsein der Öffentlichkeit wieder stärker in den Vordergrund zu rücken, der, neue unabhängige Institutionen in Gang zu setzen und zusätzlich zum heutigen System einzuführen.

epd/Kirche und Rundfunk, 11. Dezember 1976

Wir müssen uns dagegen wehren, daß das öffentlich-rechtliche System verfälscht wird, indem das Eigenbewußtsein des Journalisten, kritischer Journalist ist gleich linker Journalist, nicht dem Bild entspricht, das erforderlich ist, wenn öffentlich-rechtliche Anstalten wirklich funktionieren sollen. Und da das aber nicht mehr das Bild ist, müssen wir personell Ausgewogenheit schaffen, um dadurch überhaupt wieder Programm-Ausgewogenheit herbeizuführen.

ZDF (heute-Journal), 13. September 1978

Die Union wird alles daransetzen, die neuen Bereiche der elektronischen Medien nach ordnungspolitischen Grundsätzen so zu gestalten, daß Ausgewogenheit durch Vielfalt und Offenheit ermöglicht und verankert wird, wie es einer pluralistischen Gesellschaft entspricht. Die weitere Aufrechterhaltung des heutigen Sendemonopols dient diesem Ziel nicht. Deswegen sind ergänzende Anstalten wünschenswert.

epd/Kirche und Rundfunk, 20. September 1978

Wollt ihr
das totale
BILD?
4 Frauen
geköpft
und zerhackt zwischen
Pornos und Puppen
NDR kaputt -
BILD sagt
Albrecht
Dankeschön!
Zweite Bundesliga
nicht im Fernsehen?

Eine sehr viel bessere Möglichkeit wäre es, wenn man durch neue, von dem heutigen System unabhängige Anstalten diese Vielfalt herstellt, wie dies zum Beispiel beispielhaft in Großbritannien praktiziert und weiterentwickelt wird.
Das wäre übrigens auch für junge Menschen ein neuer Ansporn für Berufsaussichten, das würde wieder die Mobilität herstellen, Leistung und die Offenheit, die den Journalismus eigentlich als Beruf auszeichnen sollte. Und das wird in England von allen Parteien getragen, leider Gottes in der Bundesrepublik nicht.

ARD-Fernsehen (Panorama), 26. September 1978

Wir können nicht die Eltern davon entlassen, Verantwortung für ihre Kinder zu tragen. Die Eltern müssen ganz klar auch in dieser Beziehung eine Medienpädagogik haben.

ARD-Fernsehen, 30. September 1978

In vielen Kontrollgremien der Anstalten gelingt es nicht mehr, auch nur die Grenzwerte für die Ausgewogenheit der im Rundfunk vertretenen Meinungen zu ermitteln.

Auf dem Medientag der CDU/CSU, Bonn, 8. November 1978

Den Einzug linker Kräfte in nun fast alle Instanzen unseres demokratischen Staates hat das Urteil des Münchener Arbeitsgerichtes zu dem geplanten Streik der RFFU eindeutig offengelegt. Die vorsitzende Richterin, Antje Prost, folgte der Rechtsauffassung der Gewerkschaften und berücksichtigte weder bei der Urteilsbegründung und sicherlich auch nicht bei der Urteilsfindung die rechtlichen Belange der Informationspflicht des öffentlich-rechtlichen Rundfunks.

Deutschland-Union-Dienst, 18. Dezember 1979

Es gibt wöchentliche Konferenzen in der Baracke mit Bonner Journalisten von öffentlich-rechtlichen Anstalten, um das Wochenprogramm zu besprechen. Wenn man uns immer Eingriffe und Pressionen vorwirft – dies ist ein Vorwurf von Nichtkennern.

Der Spiegel, 11. Februar 1980

Das Postmonopol hat für einen großen Teil dessen, was ihre Zulieferer aus der Industrie produzieren, zu einer geradezu grotesken Situation geführt. Den Firmen ist die eigene Initiative aus der Hand genommen. Der Markt wird in einem Bereich hochqualifizierter technischer Produkte außer Kraft gesetzt, weil die Bundespost den

Markt beinahe monopolistisch steuert. Dies trifft im extremen Maße für die Kabelindustrie zu; es trifft aber auch für die Industriebranchen zu, die aufgrund der Tatsache, daß die Bundesrepublik immer noch eine Verkabelungsoase ist, einen bedeutenden Markt für elektronische Geräte im Bereich Rundfunk und Fernsehen gar nicht erschließen können und die auch auf den Export kaum ausweichen können, weil kein Inlandsmarkt existiert.
Die Überlegungen gehen nun dahin, die Post auf dem Wege der Verhandlung, der politischen Einflußnahme sowie über eine eventuelle Änderung des Fernmeldeanlagengesetzes auf eine liberale Anwendung des Postmonopols zu bewegen beziehungsweise zu zwingen. Geht man von der Prämisse aus, daß die Bundesregierung den Verkabelungsstopp für die Bundespost wieder aufhebt, so ist die Verkabelung der Bundesrepublik von der Bundespost alleine in einem wirtschaftlich sinnvollen Zeitraum nicht zu schaffen. Ein Nebeneinander und Miteinander von Bundespost und Privatwirtschaft im Telekommunikationsbereich ist deshalb dringend erforderlich.
mittelstandsmagazin, April 1980

Selbstverständlich sind wir auch gewillt, die gesellschaftspolitischen Aspekte dieser Frage in unsere Überlegungen mit einzubeziehen. Radio und Fernsehen, meine Damen und Herren, haben bisher einen kollektiven Charakter gehabt, weil sie sozusagen eine kollektive Programmabfolge jedem vorgesetzt haben und der Konsument nur passiv daran teilnehmen oder abschalten konnte.

Die gesamte Entwicklung der neuen Technologien geht dahin, daß wir von einer kollektiven zu einer Individualkommunikation kommen, in der gerade der einzelne eine sehr viel aktivere Rolle spielt, eine entsprechende individuelle Auswahl treffen, ja, in neuen Technologien sogar einen aktiven Part der Kommunikation selber übernehmen kann. Insofern ist die Entwicklung genau umgekehrt, als sie uns hier ständig dargestellt wird. Es ist so, daß durch größere Vielfalt und neue Techniken der einzelne im Hause eine aktive und nicht nur eine passive Rolle übernehmen kann. Das allerdings scheint einigen außerordentlich gefährlich zu sein. Sie wollen nur die passive Berieselung beibehalten und möglichst von neuen Möglichkeiten nichts hören.

Dieser Prozeß technologischer Fortentwicklung ist in einer freien Gesellschaft nicht blockierbar. Nicht alles, was technisch machbar ist, ist gesellschaftspolitisch wünschbar. Richtig! Aber darüber, was bei der Verbreitung von Information und Meinung wünschbar ist, entscheidet in einer freien Gesellschaft der Bürger selbst und nicht eine Regierung.

Deutscher Bundestag, 27. Juni 1980

Mit Fernsehen könnte sich aber zeigen, wie wenig Einfluß Eltern heute auf ihre Kinder haben oder wie wenig Erziehungs-Know-how heute in unseren Familien vorhanden ist. Außerdem: Selbst wenn Kinder pro Tag etwa eine halbe Stunde mehr fernsehen – müssen dann die übrigen 95 Prozent der Bevölkerung mit einem kleineren Angebot auskommen?

Stern, 18. November 1982

Für das Jahr 1983 hat die Deutsche Bundespost das Investitionsvolumen für Breitbandverkabelung von 410 Millionen auf eine Milliarde aufgestockt. Für die folgenden Jahre ist mindestens der gleiche Betrag hierfür vorgesehen.

Hamburger Morgenpost, 2. Dezember 1982

Das rot-grüne Bündnis aus Befürwortern des Nullwachstums und aus Maschinenstürmern will mit allen Mitteln, auch denen der Verunglimpfung, den technologischen Fortschritt aufhalten.

Das wird ihnen nicht gelingen, denn die überwiegende Mehrheit der Bevölkerung, vor allem die Mehrheit der Arbeitnehmer, hat längst erkannt, daß auf dem Gebiet der Kommunikationstechnologien große Chancen liegen, die genutzt werden müssen, um aus dem gegenwärtigen tiefen Tal der Wirtschaftskrise herauszukommen.

Süddeutsche Zeitung, 2. Dezember 1982

Rainer Barzel

Es ist wahr: Barzel hat in seinem Leben viel Haken geschlagen. Zu Beginn seiner politischen Laufbahn zeigte der in Berlin aufgewachsene Ostpreuße allerdings wenig Wagemut, als er in konservativer Beharrung 1946 auf die Renaissance der katholischen Zentrumspartei setzte und das gemischt-konfessionelle Experiment der CDU-Gründung kritisierte. Daß er später, in der Union unter den Fittichen Karl Arnolds, zunächst den Sozialausschüssen nahestand, ist gut in die katholische Tradition einzuordnen. Eine Neigung zu inquisitorischem Übereifer und dogmatischem Fanatismus wurde jedoch penetrant, als sich Barzel 1958/59 von F. J. Strauß vor das antikommunistische Komitee »Rettet die Freiheit« spannen ließ und so mitverantwortlich wurde für eine Denunziationsliste, in der neben 449 anderen Personen (Schriftstellern, Wissenschaftlern, Theologen, Künstlern) auch der CDU-Abgeordnete Peter Nellen beschuldigt wurde, »in einem bedenklichen geistigen Verwandtschaftsverhältnis zum Osten zu stehen«. (...)

In rein taktischer, aufwiegelnder Absicht schrieb Adenauer damals an den jungen Parteifreund: »Ich würde es sehr begrüßen, wenn Sie Bundeskanzler würden.« Barzel ließ sich von dieser Äußerung verblenden, versuchte gegen Erhard um den Parteivorsitz zu kandidieren und bewarb sich, nach dem ge-

glückten Kanzlersturz, gegen Kiesinger und Schröder im Herbst 1966 sogar um das Amt des Regierungschefs – in völliger Fehleinschätzung seines Gewichts in den Unionsparteien und seines Ansehens in der Bevölkerung. Daß Adenauer ihn allen Ernstes auserkoren habe, glaubt er heute noch.

Süddeutsche Zeitung, 7. April 1978

Ich selbst gücke nicht mehr durch.

ARD-Fernsehen (Tagesschau), 9. Mai 1972

Ein solches Amt ist für mich nicht reizvoll – schließlich bin ich beim alten Adenauer Minister gewesen.

Auf eine Frage, auf welchen Kabinettstuhl unter einem Kanzler Kohl er nach einem möglichen Wahlsieg der CDU/CSU Wert lege.
Frankfurter Rundschau, 20. September 1976

Mein Verhältnis zu Franz Josef Strauß . . ., das, so kann man zunächst sagen, war und ist im gegenseitigen Respekt von der Leistung des anderen getragen. (. . .)
Aber ich finde, daß ein Kanzler – was die Opposition betrifft – nie so gemütlich regiert hat wie der jetzige. Der hat doch morgens in seiner Lagebesprechung kaum noch das Thema Opposition auf dem Terminkalender. Den Kanzler Helmut

Schmidt muß man hetzen, Gelegenheit dazu gibt's ja in Hülle und Fülle. Aber keiner kann aus seiner Haut, und keiner kann sich seinen Gegner aussuchen.
Stern, 28. September 1978

So muß man die neuen Waffen wollen, wenn man in Frieden und Sicherheit Fortschritte auf dem Wege der Entspannung will. Dazu gibt es »keine Alternative«.
WELT am SONNTAG, 7. Oktober 1979

Strauß weiß, daß ich den Ehrgeiz habe, ihm und der Union zu zeigen, was ich unter Solidarität verstehe. Das allein ist jetzt mein Ehrgeiz.
Münchner Merkur, 12. Oktober 1979

Halten wir uns also wieder an Adenauer, der die deutsche Politik zur festen und würdigen Größe führte – auch durch Berechenbarkeit und feste Grundsätze: Wir lassen über vieles mit uns reden, wenn die Menschen in Dresden so frei leben können wie die in Köln! Freiheit für alle Deutschen – das ist es!
DIE WELT, 5. November 1979

Wer die Tötung Ungeborener erlaubt, wer gewachsene Strukturen zugunsten des grünen

Tisches des Zentralismus und der Ideologie zerstört, wer Kommunisten Lehrer werden läßt, wer zum Konflikt statt zur Rücksicht erzieht, wer Deutschland als »Brücke« zwischen Ost und West begreift, wer nicht mehr vom ganzen Deutschland spricht, wer die Wirtschaft weitgehend aus der Geltung des Privatrechts löst und dem Öffentlichen Recht zuordnet, wer die Familie (so der amtliche Familienbericht 75) zur »Sozialisationsagentur«, die Kinder zu »Bezugspersonen«, die Eltern zu »Dauerpflegepersonen«, die Liebe zum »Integrationsmechanismus« herabwürdigt, der zerstört Substanz, der reißt Fundamente ein, der braucht sich über Dekadenz, Drogen, Terrorismus nicht zu wundern!

Bayernkurier, 24. November 1979

Im Grunde müßten wir morgen schon neu wählen, damit die Opposition einen Auftrag der Wähler bekommt, den Karren wieder aus dem Dreck zu ziehen und die Krise zu bereinigen. Wie lange wollen wir noch warten? Welchen Schuldenstand sollen wir noch hinnehmen? Der Staatsbankrott ist da. Wenn es so weitergeht, gibt es eine Währungsreform.

Quick, 4. Juni 1981

Versteht ihr Europäer denn nicht, daß sich die Moskauer ihren – unter angestrengten Bemühungen dem Lebensstandard des Volkes abgetrotzten – militärischen Vorsprung bei den Mittelstrekken-Raketen nicht einfach mit Worten werden abhandeln lassen? Daß man da zuerst im Westen etwas Reales in der Hand haben muß, wenn man – mit Aussicht auf Erfolg – das, durch Leistung und Gegenleistung, verhandeln, verändern, berichtigen und beseitigen will? Daß wir zuerst den besseren Verteidigungs-Haushalt als Instrument zum Handeln (der realen Voraussetzungen des Ver-Handelns) brauchen wie den vorzeigbaren Beginn des Nachrüstens, um zu verabredeten Schritten auf ein neues Gleichgewicht hin zu kommen?

Dem antwortet aus Europa der oft schrille Ruf: Verhandeln, sofort verhandeln! Bitte eilt euch, es wird schon werden, etwas herauskommen!

Was?

Von der Hektik kommt der Unfall. Wie von der Schwäche der Umfall.

DIE WELT, 2. Juli 1981

So sorgt sich draußen mancher, ich spreche es aus, vor einem neuen »furor teutonicus«, vor einer Welle unberechenbarer, maßloser Irrationalität

aus dem Herzen Europas. Und, geben wir es zu, auch zu Hause ist nicht alles ganz wohl.
Ein Freund aus London rief an, zu fragen, was hier los sei. Den nationalen Sozialismus hätten wir ja schon gehabt, ob nun der sozialistische Nationalismus ins Haus stünde?

WELT am SONNTAG, 18. Oktober 1981

Viele im Westen scheuen den Kampf und bevorzugen die Zusammenarbeit. Das führt zu nichts Gutem. Man weiß, daß ich – bei Leistung um Gegenleistung – für Zusammenarbeit bin. Zugleich bin ich für Kampf, also zum Beispiel: Keine Kommunisten als Lehrer.

DIE WELT, 29. Oktober 1981

Die Generale dort in Ankara wollten nicht regieren. Sie müssen es, weil die demokratischen Autoritäten ihre Autorität rundum verspielt, weil sie versagt hatten. (...)
Warum sondern so viele von euch sich ab, wollen sich nicht hier integrieren, suchen hier die Rechte und fliehen vor den Pflichten? Ist alles, was ihr hier in euren Klubs, Vereinen, Koran-Schulen tut, bei euch zu Hause, in der Türkei – einem laizistischen Staat – möglich, erlaubt, geduldet? Was wollt ihr: Hier verdienen, um wieder wegzuge-

hen? Euch hier einordnen? Eure Kinder nachkommen lassen - wozu? (...)
Mehr als sieben Millionen Ausländer dürften im Jahre 2000 in der Bundesrepublik leben. Schon jetzt ist der Anteil der Ausländer an der Zahl der Arbeitslosen höher als der der Deutschen. Hier droht eine soziale Explosion. Es ist Zeit zum Handeln - bald und entschlossen.

WELT am SONNTAG, 13. Dezember 1981

Quick: Womit wird Helmut Kohl der Republik seinen Stempel aufdrücken?
Barzel: Vertrauen muß wieder da sein. Ich glaube, es wird eine Ära für eine mittelfristige Epoche. Mindestens für ein Jahrzehnt. Sie wird Deutschland wieder nach vorn bringen.

Quick, 7. Oktober 1982

Unterwegs lernst du dazu. Du lernst auch: Umwege sind sinnlos und kosten. Es gibt keinen Weg zurück, keinen Ausweg. Nur ein Weg ist immer frei: der nach vorne. Dahin, wo dein Ziel ist. Dorthin gibt es immer einen Weg. Wage die Schritte! Nach vorne. Immer nach vorne. Unterwegs nur dahin.

Aus »Unterwegs Woher und Wohin?«, Verlag Droemer Knaur, 1982

Alois Mertes

»Entspannung« heißt die Selbsttäuschung einer amerikanischen Außenpolitik, die nicht erkennt, daß sie seit der Kuba-Konfrontation von 1962 unter dem Dach gemeinsamer amerikanisch-russischer Verantwortung für den nuklearen Frieden und in der trügerischen Hoffnung auf mäßigenden Einfluß Moskaus in Hanoi immer wieder de facto zu Erfüllungsgehilfen der sowjetischen Einflußstrategie in Richtung Westberlin und Westdeutschland wurde. (...)
»Entspannung« heißt die Selbsttäuschung all derjenigen in der Bundesrepublik Deutschland, die nicht mehr wagen, aus pro-westlicher Verantwortung bei politischen Begünstigungen der Sowjetunion in Washington oder in Paris zu sagen: non possumus.

Deutschland-Union-Dienst, 14. Mai 1975

Ich weigere mich, den Begriff Friedensbewegung zu verwenden. Die gesamte deutsche Nachkriegsdemokratie ist eine einzige Friedensbewegung. Eine ganz bestimmte Form und Vorstellung von der Gestaltung des Friedens kann für sich nicht in Anspruch nehmen, die Friedensbewegung zu sein. Daher spreche ich lieber von der Angstbewegung; man könnte sie auch die Appeasement-Bewegung nennen, wenn man eine

historische Anspielung - auf den Pazifismus in Großbritannien vor dem Zweiten Weltkrieg - machen will. (...)
Wenn ich als sowjetischer Bediensteter erläutern würde, wie wohl die Brandt-Reise nach Moskau wirkt, dann würde ich sagen: Sie wirkt ermutigend auf die konkreten Inhalte der Angstbewegung und verstärkt die Abneigung gegen den Nachrüstungsteil des NATO-Doppelbeschlusses. Die Bewegung zum Vorrang des Verhandlungsteils wächst. Das war vielleicht nicht die Intention von Willy Brandt, aber das ist aus sowjetischer Sicht die Wirkung seiner Reise.

Deutsches Allgemeines Sonntagsblatt, 19. Juli 1981

Es gibt führende Kräfte in der SPD, die eine Politik betreiben, die im Ergebnis, nicht der Absicht nach, der Sowjetunion hochwillkommen ist. Wer wie die SPD auf uns schießt, auf den müssen wir in Notwehr reagieren und unter Hinweis auf Willy Brandt und all das, was er von Moskau aus gesagt hat, sagen, die SPD ist die Partei Moskaus.

Hannoversche Neue Presse, 4. August 1981

Aber, solange politische Konfliktregelungen und vertragliche internationale Rüstungsbeschränkungen nicht erreicht sind, muß sich unser Rüstungsexport nach den vitalen Interessen der Bundesrepublik Deutschland richten. (...) Und das kann bedeuten, daß wir auch in Gebiete liefern, die wir bisher als Spannungsgebiete bezeichnet haben.

Deutschlandfunk, 14. September 1981

Das Risiko einer atomaren Selbstvernichtung ist fast nicht existierend. (...)
In der öffentlichen Diskussion wird die Möglichkeit der atomaren Selbstvernichtung ständig mit der Wahrscheinlichkeit verwechselt. Das muß aufhören.

ddp, 20. November 1981

Wir müssen diesen Aberglauben einmal fallen lassen, als ob Verhandlungen in sich bereits ein Fortschritt wären.

Deutschlandfunk, 7. April 1981

In den siebziger Jahren hat das Wort Entspannung wie eine Art Droge gewirkt. Daß die Sowjetunion eine uns alle bedrohende Macht ist, ist aus dem Bewußtsein weitgehend verdrängt worden.

Saarbrücker Zeitung, 25. Juni 1982

Die Sicherung des Friedens in Freiheit durch eine Militärstrategie der flexiblen Reaktion – die

CDU/CSU wiederholt dies immer wieder – muß jetzt ergänzt werden durch eine Wirtschaftsstrategie der flexiblen Reaktion, die der Sowjetführung auf berechenbare Weise ankündigt, mit welchen Maßnahmen sie bei Verletzungen des Völkerrechts und der Schlußakte von Helsinki aufgrund westlicher Geschlossenheit rechnen muß. Dies hat nichts zu tun mit Wirtschaftskrieg gegen die Sowjetunion, sondern ist ein unerläßlicher Beitrag zur politischen Geschlossenheit der westlichen Allianz und zur Berechenbarkeit der internationalen Beziehungen.

Deutschland-Union-Dienst, 30. Juli 1982

Die Europäer aber, insbesondere die SPD als Testamentsvollstreckerin der Ostpolitik Brandt-Bahr, löst sich nur schwer von der Droge Entspannung, der die Mehrheit der SPD immer noch heilende Wirkung zuschreibt...

Deutschlandfunk, 2. August 1982

Die wankelmütige Haltung der illoyalen MBFR-Kritiker in der SPD schwächen die im Bündnis vereinbarte Verhandlungsposition, zu der die Bundesregierung und die Reagan-Administration besonders konstruktive Beiträge geleistet haben. Im Ergebnis begünstigt diese Haltung die sowjetische Verhandlungsführung, die nämlich jetzt auf eine Aufweichung der westlichen Haltung spekuliert und ihrerseits noch unbeweglicher wird.

Pressedienst der CDU/CSU-Bundestagsfraktion, 18. August 1982

Die Diskussion über die Nachrüstung, über den Doppelbeschluß, über die Neutronenwaffe wird überhaupt viel zu militärisch geführt... Wir werden bedroht durch den hinter dem sowjetischen Militärpotential stehenden politischen Willen, der erkennbar und eigentlich auch in aller Offenheit darauf ausgerichtet ist, Europa von Amerika abzukoppeln, um Westeuropa politisch gefügiger zu machen.

ZDF, 23. August 1981

Carl-Dieter Spranger

Auf andere Weise zeichnete sich der CSU-Abgeordnete Carl-Dieter Spranger aus: Seine Rede war eine der schlimmsten, die je im Bundestag gehalten wurden – ein klassisches Beispiel politischer Infamie. Sprangers Technik besteht darin, die Gegner so nahe bei Beschuldigungen und Verdächtigungen zu placieren, daß die Situationsbeschreibung zwanglos zur Anklage wird.
DIE ZEIT, 25. März 1977

Ob falsch verstandene Liberalität, Volksfrontstrategie oder politische Geistesverwandtschaft die SPD/FDP-Verantwortlichen zu dieser den Staat und die Gesellschaftsordnung gefährdenden Entscheidung veranlaßten, kann offenbleiben.
Deutschland-Union-Dienst, 10. März 1976

Erstens. Für linke Systemveränderer ist der Schutz unserer Bürger vor Terroristen und Verfassungsfeinden kein drängendes Problem. Auf ihrem Marsch zur Systemveränderung nehmen sie vielmehr die Schwächung der von ihnen als systemerhaltend betrachteten Institutionen auf Kosten der allgemeinen Sicherheit zumindest in Kauf.
Zweitens. Die linken Systemveränderer haben SPD/FDP auch in dieser fundamentalen Frage

des Schutzes unseres Landes vor seinen Feinden heillos gespalten. Wer vor der Wahl den sicherheitspolitischen Versprechungen dieser Regierung vertraut, muß damit rechnen, nach der Wahl dem Unsicherheitsverständnis der Linken ausgeliefert zu sein.

Deutscher Bundestag, 16. März 1977

Die organisatorischen, technischen und logistischen Möglichkeiten der Bundeswehr sollen zur Terrorismusbekämpfung angesichts der bedrohlichen Situation besser genutzt werden. Denkbar ist zum Beispiel, daß Soldaten bei Polizeieinsätzen Fernmeldeleitungen bauen, für den Objektschutz eingesetzt werden und Kasernen den Sicherheitskräften bei Demonstrationen als Unterkünfte bereitgestellt werden. Allerdings muß die Verwendung von Soldaten die Ausnahme bleiben, weil sonst die Verteidigungsfähigkeit der Bundesrepublik beeinträchtigt würde.

ddp, 16. September 1977

Das Thema Todesstrafe darf nicht tabuisiert werden, aber hat in diesem aktuellen Katalog keinen Platz gefunden. (...)
Wir müssen feststellen, das haben wir heute auch einmütig in dem Arbeitskreis beschlossen, daß

die Wurzeln des Terrorismus ganz klar im Linksradikalismus zu finden sind, daß Marxismus, Leninismus, Anarchismus die geistigen Wurzeln des Terrorismus darstellen. Und jetzt ist nun die Frage der Sozialisten, wieweit sie sich von diesen Ideen abgrenzen. Wenn sie es schaffen, was bei vielen Äußerungen und Handlungen doch nicht der Fall war – das muß man deutlich feststellen, wenn ich an einzelne Äußerungen von Jungsozialisten denke –, dann ist das denen ihr Problem.

WDR, 23. September 1977

Ich habe als erster – noch einen Tag vor dem bayerischen Innenminister Seidl – die Todesstrafe ins Gespräch gebracht.

Der Spiegel, 24. Oktober 1977

Die außerordentliche Bedrohung unseres Staates und seiner Menschen durch terroristische Mörderbanden ist nicht erklärbar ohne die Tatsache, daß viele Theologen und Schriftsteller, aber auch führende Politiker und Professoren jahrelang die wahre Brutalität und Gefährlichkeit der linksradikalen Terroristen verharmlost haben, obwohl den Weg dieser Linksradikalen jeder Vernünftige seit 1968 klar vorhersehen konnte.

Bayernkurier, 8. Oktober 1977

Sympathisant ist derjenige, der durch Worte und Taten zum Ausdruck bringt, daß ihm die ganze terroristische Bewegung, ihre ursprünglich-geistigen Wurzeln, ihre pseudopolitischen Motivationen nun irgendwie nicht unangenehm, vielmehr sogar positiv erscheinen.

Frankfurter Rundschau, 12. Oktober 1977

Die CDU/CSU wird es nicht zulassen, daß die geistigen Wegbereiter des Terrorismus aus ihrer Verantwortung entlassen würden. Böll, Grass und Brandt sind mitverantwortlich für die jetzige Entwicklung.

Auf einer Veranstaltung zum Thema »Innere Sicherheit« im Bensberger Rathaus, Kölner Stadtanzeiger, 2. November 1977

Anscheinend bezahlt die in Bonn und Düsseldorf regierende SPD/FDP-Koalition mit diesem neuerlichen Umfall vor der linksradikalen Berufsverbotskampagne die gezielte und nachgewiesene Wahlhilfe der Kommunisten, die dem Bündnis Schmidt/Genscher zu seiner rechnerischen Mehrheit verholfen hat.

Zur Einstellung von Frau Niess in NRW, dpa, 14. Oktober 1976

Da muß ich festhalten: Es ist leider eine Tatsache, daß hier eine gut organisierte und vorbereitete Gruppe, vor allem von Kommunisten, Jungsozialisten und Jungdemokraten, nach der Urteilsverkündung in massiver Form die Richter innerhalb und außerhalb des Gerichtssaales beleidigten und tätlich wurde. Denen ging es nicht um eine sachliche Auseinandersetzung mit dem Urteil, sondern um die Diffamierung der Justiz, und auch, um die Bundesrepublik Deutschland international auf die Anklagebank zu setzen.

Zu Protesten gegen Freisprüche im Majdanek-Prozeß, ARD-Fernsehen (Monitor), 8. Mai 1979

Diese Preisverleihung ist ein Hohn auf die Abgrenzungsbeschlüsse der SPD zum Kommunismus, denen zufolge gemeinsame Aktionen und Veranstaltungen von SPD-Mitgliedern mit Kommunisten als schwere Verstöße gegen die Ordnung der Partei behandelt werden müßten. Der frühere Regierende Bürgermeister Albertz macht seit Jahren immer wieder durch gemeinsame Aktionen mit Kommunisten von sich reden, vor kurzem noch durch seinen Auftritt vor der kommunistisch gesteuerten sogenannten christlichen Friedenskonferenz in Berlin, die ein Instrument zur Infiltrierung des sowjetischen Friedensbegriffes und zur Durchsetzung sowjetischer Interessen darstellt.

Zur Verleihung des Gustav-Heinemann-Preises an Heinrich Albertz, Pressemitteilung der CSU-Landesgruppe im Bundestag, 9. Mai 1980

Im übrigen wollen wir keineswegs hier mit den Mitteln des Strafrechtes allein arbeiten, sondern wir haben auch Änderungen im Bereich des Versammlungsrechtes, also im Bereich des Ordnungsrechtes vorgesehen. Und es ist unverständlich, und man muß sich weitere Konsequenzen dann auch zurechnen lassen, wenn man es verhindert, daß unser Gesetzesentwurf in Kraft tritt.

Südwestfunk, 13. Mai 1980

Er forderte seine eigene Partei auf, sich stärker um die Jugend zu bemühen. Um ihren Idealismus und ihr Engagement in der richtigen Weise zu kanalisieren, müßten mit Werten wie »Liebe zum Vaterland und zu seiner großen Vergangenheit« die schreckliche Geschichtslosigkeit und -verfälschungen aufgehoben werden.

Unter großem Beifall lehnte es Spranger ab, aus den Jahren 1933 bis 1945 eine Kollektivschuld aller Deutschen bis zum Jahr 2000 abzuleiten. Für die Bewußtseinsmanipulation machte er vor allem die »Monopol-Massenmedien« Rundfunk und Fernsehen verantwortlich, für die nach dem Vorschlag Ernst Albrechts eine private Konkurrenz entstehen müsse.

Schwäbische Zeitung, Lokalausgabe Ravensburg,
1. September 1980

Die Augsteins, Merseburgers und Nannens haben eine historische Schuld auf sich geladen. Welches Maß an Volksverdummung will man uns noch zumuten, wenn Willy Brandt sagt: Jetzt erst recht Entspannung. Es handelt sich entweder um Verblendung oder um einen Parteigänger Moskaus. (...)
Auch die Herren Beitz und Amerongen sollten sich eine Scheibe abschneiden und lukrative Verbindungen zum Osten abbrechen. (...)
Wer Holocaust in Auschwitz beschwört, der sollte gefälligst auch Holocaust in Dresden und Hiroshima beschwören.

Frankenpost, 8. Januar 1980

Einer geschickten Polemik ist es schon weitgehend gelungen, die Prüfung der Einführung von Gummigeschossen, die die Schwelle für den Einsatz der bisherigen Schußwaffen heben könnte, durch ihre Anprangerung als angeblich inhumane Waffe praktisch zu blockieren.

Deutschland-Union-Dienst, 8. Mai 1981

Seit Jahren gibt es nur Verbote rechtsextremer Gruppen in unserem Lande. Das Potential des Linksextremismus ist ungleich größer.

Presse-Mitteilung der CSU-Landesgruppe im Deutschen Bundestag, 27. Januar 1982

Die Verantwortlichen beim Bund haben aus ihren Fehlern nichts gelernt. Sie sind auch nicht mehr lernfähig. Allgemeine Sprüche wie die von Bundesjustizminister Dr. Schmude und Bundesinnenminister Baum werden die Entwicklung nicht aufhalten. Ein weiteres Ansteigen der Kriminalität kann nur durch eine totale Umkehr in der Innen- und Rechtspolitik abgewendet werden. Die von der SPD und FDP propagierte Scheinliberalisierung des Rechts hat in Wahrheit zur totalen Verrechtlichung, zu Inhumanität und zu Persönlichkeitsverlust geführt. (...) Der Staat muß wieder wehrhaft und handlungsfähig werden.

Presse-Mitteilung der CSU-Landesgruppe im Deutschen Bundestag, 25. Februar 1982

Die sogenannte Entspannungspolitik von SPD und FDP hat nicht nur außenpolitisch zu einer Anpassung gegenüber den Forderungen des Sowjetkommunismus geführt. Immer klarer wird auch innenpolitisch der Einfluß, und die Macht des Moskau-treuen Kommunismus und seiner bündnispolitischen Hilfstruppen wächst unaufhörlich. (...) Die kommenden Wochen und Monate könnten den Deutschen bewußt machen, was heute für kommunistische Ziele in der

Bundesrepublik Deutschland in Bewegung zu bringen ist.

Bayernkurier, 13. März 1982

Die SPD ist eine Partei weltfremder Sektierer, marxistischer Ideologen und elitärer Systemveränderer geworden. Sie ist eine Partei unter der Herrschaft der »APO 68« und ihrer geistigen Abkömmlinge. (...)
Wie weit die SPD-Führung bereits zur Übernahme auch abstruser Anträge der »Basis« gezwungen ist, ergeben folgende Annahme-Empfehlungen der Antragskommission:
Abschaffung der Gewissenprüfung für Kriegsdienstverweigerer...,
Verbot von Herstellung, Import und Handel von »Kriegsspielzeug«...,
Ablehnung einer Verschärfung des Demonstrationsrechts (das wird vor allem die Berufsrandalierer freuen!).

IN, 19. April 1982

Rechtsbrecher müssen wieder spürbareren Strafen zugeführt, die Gerichtsverfahren fair, aber zügig durchgeführt werden. Das Verständnis für die persönlichen Nöte des Einzelnen muß eine Grenze haben bei der Freiheit und der Sicherheit des Rechtsstaates, der wieder wehrhaft und handlungsfähig werden muß.

Deutschland-Union-Dienst, 12. Mai 1982

Der Bundesminister des Innern muß nicht nur Verfassungsschutz und Bundeskriminalamt in die Lage versetzen, sich stärker auf diese Form des Terrorismus zu konzentrieren. Er muß endlich vor allem die politische Leisetreterei überwinden und durch Aufklärung und Ansprache der Bevölkerung deren Aufmerksamkeit und Mithilfe gewinnen, damit die Polizei Hinweise für ihre Arbeit bekommt. Oder fürchtet er schon wieder Schwierigkeiten mit irgendwelchen von ihm gehätschelten Minderheiten?

Deutschland-Union-Dienst, 29. Juli 1982

Den Niedergang signalisieren nicht nur ökonomische Daten wie Wirtschaftsrezession, Arbeitslosigkeit, Firmenkonkurse, Kapitalflucht, Haushaltsdefizite und Staatsverschuldung. Noch gefährlicher für den Bestand unserer freiheitlichen rechtsstaatlichen Demokratie ist das Schwinden staatlicher Autorität, Handlungs- und Durchsetzungsfähigkeit, der Verlust an Rechtsbewußtsein, Rechtssicherheit, an demokratischer Gesinnung und staatsbürgerlichem Pflichtgefühl sowie der

unübersehbare Verfall geistiger, moralischer und kultureller Substanz. So konnten in einem vor 1969 unvorstellbaren Ausmaß politischer Extremismus und Irrationalismus, die Bereitschaft zu Rechtsbruch und gewaltsamer Bekämpfung des »Systems« und seiner als »FDGO« beschimpften freiheitlichen demokratischen Grund- und Wertordnung und die Mißachtung rechtmäßiger Entscheidungen der Parlamente, Verwaltungen und Gerichte wachsen. Intoleranz, Egoismus und rücksichtslose Ausbeutungsbereitschaft gegenüber dem Sozialstaat überwuchern bei lautstarken und sich immer dreister gebärdenden Minderheiten die Bereitschaft, auch Pflichten gegenüber dem Staat und der Gemeinschaft zu übernehmen und mit Fleiß, Disziplin und Leistungswillen an der Gestaltung der freiheitlichen Demokratie mitzuwirken. Der notwendige Grundkonsens über die Werte unserer Verfassung ist unter der SPD/FDP-Bundesregierung zunehmend verlorengegangen, ein Grundkonsens, der bei aller Kritik und Pluralität der Meinungen gewährleistet sein muß.
Die deshalb notwendige Reparatur der von SPD und FDP begangenen staats- und gesellschaftspolitischen, rechts- und innenpolitischen Fehler erfordert einen grundlegenden politischen, aber

auch geistig-moralischen Kurswechsel, der CDU und CSU ein Höchstmaß an Grundsatztreue, an Entschlossenheit und Führungskraft abverlangt. Denn gerade hier, bei ihrer Politik der Wiederherstellung rechtsstaatlicher Autorität und Handlungsfähigkeit sowie des inneren Friedens, beim Schutz der Bürgerrechte, bei der Achtung des mündigen Bürgers und der Sicherung der freiheitlichen Demokratie haben sich CDU und CSU bei unserem Volk hohe Kompetenz und besonders viel Zustimmung und Vertrauen erworben. Sowenig dieses Vertrauen enttäuscht werden darf, sowenig darf die staatspolitische Bedeutung und Schwierigkeit dieser Aufgabe unterschätzt werden.
Wiederherstellung der Autorität und Handlungsfähigkeit unseres freiheitlichen demokratischen Rechtsstaates ist nicht nur eine organisatorisch-technische Frage, sondern erfordert die Neubestimmung und Neuordnung der Aufgaben unseres Staates. Wir müssen uns konsequent abkehren von jenem aufgeblähten, unproduktiven, unfinanzierbaren Gebilde aus Sozialismus und Bürokratismus, der mit einer Reglementierungswut sondergleichen die umfassende Bevormundung der Bürger anstrebt, zum Teil schon übernahm.

Bayernkurier, 28. August 1982

Datenschutz hat jedoch keinen absoluten Vorrang vor den Erfordernissen der öffentlichen Sicherheit.

Eröffnungsansprache bei der Arbeitstagung des Bundeskriminalamtes, 2. November 1982

Philipp Jenninger

Wo leben wir denn, daß der Bürger nicht sicher sein kann, ob er abgehört wird?

Frankfurter Rundschau, 1. Februar 1978

Es führt kein Weg an der Erkenntnis vorbei, daß die »etablierten« Parteien und Politiker eine ihrer wesentlichsten Aufgaben, nämlich die der Aufklärung der Bürger, nur sehr unzureichend erfüllt haben. (...)
Genau hier aber muß die Argumentation ansetzen. Denn es gibt einen ganz wesentlichen Unterschied zwischen Gesinnungsethik und Verantwortungsethik: wenn der einzelne Bürger mit der Bergpredigt radikal ernstmachen und für sich auf Notwehr und Verteidigung verzichten will, so ist dies eine Entscheidung, die zu respektieren ist; der verantwortliche Politiker steht hingegen in der Pflicht, die Folgen seines Tuns zu bedenken und die Wahrung der Rechte seiner Nation und die Sicherung der Unversehrtheit und Freiheit der Bürger seines Staates im Auge zu behalten. In einer unfriedlichen Welt kann sich der Staat nicht auf den Standpunkt der Gewalt- und Wehrlosigkeit zurückziehen; er machte sich schuldig gegenüber dem ihm anvertrauten Schicksal seiner Bürger. Deshalb müssen auch die Politiker den Mut haben, die Frage zu stellen, wessen Haltung unter

Berücksichtigung des Gesamtinteresses aller Bürger die moralischere ist - die des Demonstranten, der einseitige Abrüstung fordert, oder die des verantwortlichen Politikers, der sich durch aktive Friedenssicherung um die Erhaltung der Verteidigungsfähigkeit unseres demokratischen Gemeinwesens und um militärisches Gleichgewicht bemüht.

Pressedienst der CDU/CSU-Fraktion im Deutschen Bundestag, 10. April 1981

Dabei ist die Entschlossenheit zur Wiederherstellung des militärischen Gleichgewichts und die glaubhafte Bereitschaft zur Nachrüstung die entscheidende Voraussetzung, um die Sowjetunion zu ernsthaften Verhandlungen über Rüstungskontrolle und Rüstungsbegrenzung zu bewegen.

Pressedienst der CDU/CSU-Fraktion im Deutschen Bundestag, 16. Juni 1981

Die Neutronenwaffe ist ihrem Wesen nach eine reine Defensivwaffe...

Pressedienst der CDU/CSU-Fraktion im Deutschen Bundestag, 10. August 1981

Für uns sind die gemeinsamen demokratischen Überzeugungen und die Sicherheitspartnerschaft mit den USA und unseren anderen Verbündeten allemal wichtiger als die Verteidigung geplatzter Illusionen und das angestrengte Übersehen der Wirklichkeiten im von der Sowjetunion beherrschten Ost-Europa.

Deutschland-Union-Dienst, 15. Januar 1982

Gegenüber der »Frankfurter Rundschau« rechtfertigte Jenninger Äußerungen, die er am 3. August bei einer Wahlveranstaltung in seinem Wahlkreis Schwäbisch Hall getan hatte.

... diejenigen SPD-Bundestagsabgeordneten, die in den letzten Monaten mehrfach »gegen Bundeskanzler Helmut Schmidt gestimmt« hätten, seien Kommunisten. Als Anlässe nannte er das Kontaktsperregesetz, die Türkei-Hilfe, die Wehrpflichtnovelle und schließlich den Olympiaboykott.

... auf die Frage eines anwesenden SPD-Kreisvorsitzenden, was er unter Sozialisten und Kommunisten verstehe, habe er geantwortet: »Kommunisten sind die, die Kommunisten sind und als solche sichtbar werden.«

Frankfurter Rundschau, 27. August 1980

Zu den Grünen: Denn man kann nicht Arbeitsplätze erhalten und neue schaffen, das soziale Netz sichern und den erreichten Wohlstand ver-

teidigen, wenn man gleichzeitig gegen Kernkraftwerke und Flugplätze, gegen Straßenbau und Autoindustrie, gegen Kanalbauten und Hafenerweiterungen zu Felde zieht. (...)
»Aussteiger« an den Hebeln der politischen Macht sind wirklich das Letzte, was wir in der gegenwärtigen Lage brauchen.

Pressedienst der CDU/CSU-Fraktion im Deutschen Bundestag, 1. Juli 1982

Bereits Anfang Februar haben wir klipp und klar gesagt, daß es eine Mehrwertsteuererhöhung mit der CDU/CSU nicht geben würde. Sie hätte kosten-, lohn- und preistreibend gewirkt, die sozial Schwachen und die Familien mit Kindern besonders hart getroffen, und sie hätte im Endeffekt nur weitere Arbeitsplätze gefährdet und vernichtet, statt neue zu schaffen.

Pressedienst der CDU/CSU-Fraktion im Deutschen Bundestag, 14. Mai 1982

Die Neuverschuldung für 1983 ist der entscheidende Prüfstein.

Pressedienst der CDU/CSU-Fraktion im Deutschen Bundestag, 18. Juni 1982

Die CDU/CSU hat schon einmal bewiesen, zu welchen Kraftanstrengungen und Leistungen sie

fähig ist: als sie aus den Trümmern der schlimmsten Katastrophe der deutschen Geschichte binnen weniger Jahre einen freiheitlichen Rechtsstaat aufbaute, um dessen wirtschaftliche Erfolge und soziale Errungenschaften uns die Nachbarn beneideten.
Wir wollen und werden unser Land auch aus der jetzigen Krise führen. Einzige Voraussetzung dafür ist, daß die SPD endlich in aller Form ihren politischen Bankrott eingesteht.

Pressedienst der CDU/CSU-Fraktion im Deutschen Bundestag, 23. Juli 1982

Sicher: die Bürger haben SPD und FDP 1980 eine klare Mehrheit gegeben und damit zum verantwortlichen Handeln in der Regierung beauftragt.

Pressedienst der CDU/CSU-Fraktion im Deutschen Bundestag, 26. August 1982

Wir stellen fest: die SPD hat unser Land innen- und außenpolitisch in die tiefste Krise der Nachkriegsgeschichte geführt.

Deutschland-Union-Dienst, 29. September 1982

Otto Regenspurger

(. . .) fordert der Coburger Bundestagsabgeordnete Otto Regenspurger (CSU) die Errichtung von Toilettenanlagen an ausnahmslos allen Rast-und Halteplätzen entlang der deutschen Autobahnen. (. . .), daß durch die geforderte Maßnahme bei Produktion, Errichtung, Instandhaltung und Pflege der Anlagen neue Arbeitsplätze geschaffen würden, was angesichts der Probleme auf dem Arbeitsmarkt zu einer wünschenswerten Entlastung führe.

CSU-Presse-Mitteilungen, 5. September 1977

Man muß es zweimal lesen, um es zu glauben: Abtreibung soll beihilfefähige Leistung für Beamte werden. Als Schrittmacher auf diesem Wege der Verlotterung grundrechtlicher und beamtenrechtlicher Prinzipien gibt sich die SPD/FDP-Regierung des Landes Nordrhein-Westfalen her.

Deutschland-Union-Dienst, 19. Dezember 1979

Mit Empörung und Betroffenheit reagierten Bürger meines Wahlkreises auf die Tatsache, daß der Personennahverkehrszug Ludwigstadt - Bamberg am vergangenen Sonntag über und über mit Wahlpropaganda der SPD beklebt war. Offensichtlich bedient sich die SPD zur Zeit schamlos aller staatlichen Einrichtungen, um ihre Macht zu erhalten. Dies erinnert erschreckend an Zeiten, in denen Staat und Partei gleichgeschaltet waren.

CSU-Presse-Mitteilungen, 2. Juli 1980

Die mittlerweile auch in ihrem größten Landesverband sowjetkommunistisch unterwanderte DGB-Gewerkschaft GEW kämpft mit vorgeschobenen Scheinargumenten für den ungehinderten Zugang von Kommunisten zum Lehrerberuf. Sie macht sich damit zum Verbündeten der Moskau-gesteuerten DKP, die alles daransetzt, Positionen zu erringen, die ihr Indoktrinationsmöglichkeiten bei der Jugend eröffnen.

Presse-Mitteilung der CSU-Landesgruppe im Deutschen Bundestag, 26. Januar 1982

Hier stellt sich die Frage, ob das Verursacherprinzip nur für den Bereich des Umweltschutzes Geltung beanspruchen kann. Schließlich wird auch von jedem Familienzirkus, dem der Festplatz der Gemeinde zur Verfügung gestellt wird, die Stellung einer Kaution verlangt, um die Bezahlung von Reinigungs- und Wiederherstellungskosten sicherzustellen. Eine solche Praxis gegenüber dem Anmelder von Demonstrationen könnte geeignet sein, das Unwesen, zu dem die Berufsdemonstranten das Recht, sich unter freiem Himmel friedlich zu versammeln, inzwischen umfunktioniert haben, wieder auf tragbare Ausmaße zurückzuführen. Das Recht des Individuums, unbehelligt gelassen zu werden, das die übergroße Mehrheit der Bevölkerung für sich in Anspruch nimmt, muß endlich wieder den ihm zukommenden Platz neben dem Recht der Demonstranten erhalten.

Presse-Mitteilung der CSU-Landesgruppe im Deutschen Bundestag, 24. Juni 1982

Die Agitation der SPD gegen den CS-Reizstoff ist umso leichtfertiger, als bei den letzten Massenzusammenrottungen die aus dem ganzen Bundesgebiet zusammengezogenen Polizeikräfte förmlich zusammengekratzt werden mußten. (...) Demontage des Bundesgrenzschutzes und Vorenthaltung der notwendigen Ausrüstung für die Polizei sind die ideologisch voreingenommenen Antworten auf die Herausforderung des Rechtsstaates durch die gewalttätige Linke. Damit muß es endlich ein Ende haben.

Presse-Mitteilung der CSU-Landesgruppe im Deutschen Bundestag, 3. Mai 1982

Das Beauftragten-Unwesen, das unter den SPD/FDP-geführten Bundesregierungen immer mehr einreißt, ist Ausdruck der bis zur Handlungsunfähigkeit gehenden Entscheidungsschwäche der Koalition, soweit es nicht überhaupt dazu dient, in die Wüste geschickten prominenten Politikern von SPD und FDP zu einer Austragspfründe zu verhelfen. Mit jeder zusätzlichen Institution wird die Handlungsfähigkeit grundsätzlich nicht gestärkt, sondern erschwert. Da jeder dieser Beauftragten meint, Chef einer eigenen Behörde sein zu müssen, wird die Zahl der öffentlichen Bediensteten vermehrt und damit die Belastung für den Steuerzahler weiter erhöht.

Presse-Mitteilung der CSU-Landesgruppe im Deutschen Bundestag, 16. August 1982

Die ehemalige Bundesregierung hat für eine Inflation der Anerkennung von Behinderten gesorgt. Freifahrten mit öffentlichen Verkehrsmitteln, erweiterter Kündigungsschutz und die Möglichkeit, früher in Rente zu gehen, haben die Zahl der Behindertenausweise in die Höhe getrieben.

Frankfurter Rundschau, 30. November 1982

Das Kabinett hat weiter beschlossen, das Amt des Beauftragten für die Belange der Behinderten beizubehalten. Der Beauftragte bleibt dem Geschäftsbereich des Bundesministers für Arbeit

und Sozialordnung zugeordnet. Das Mitglied des Deutschen Bundestages, Otto Regenspurger, wird nunmehr diese Aufgabe übernehmen.
Die Einrichtung des Beauftragten für die Belange der Behinderten hat sich bewährt.

Bulletin, 6. November 1982

Für die Beibehaltung des Behindertenbeauftragten der Bundesregierung hat sich der gegenwärtige Amtsinhaber, der CSU-Bundestagsabgeordnete Otto Regenspurger ausgesprochen. (...) Ursprünglich sei auch er der Meinung gewesen, die Aufgaben des Behindertenbeauftragten könnten infolge knapper Mittel vom Staatssekretär im Bundesministerium »in Personalunion« mit übernommen werden. Wegen des »Symbolgehaltes« für die Behinderten dürfe dieses Amt jedoch nicht abgeschafft werden.

ddp, 1. Dezember 1982

Uwe Barschel

Eher verschämt, trafen kurz vor Beginn des Gottesdienstes Schleswig-Holsteins Innenminister Uwe Barschel und der CDU-Bundestagsabgeordnete Olaf von Wrangel, beide mit der Familie Dönitz seit vielen Jahren bekannt, in Aumühle ein.

Über das Begräbnis des ehem. Oberbefehlshabers der Kriegsmarine und Hitler-Nachfolgers Großadmiral Karl Dönitz, Bonner Rundschau, 7. Januar 1981

Mir ist lieber, daß eine Stunde ausfällt, als daß unsere Kinder von diesen Lehrern unterrichtet werden.

Norddeutsche Rundschau, 27. März 1976

Er wies darauf hin, daß er bereits 1968 bei einem Vortrag in Plön die Frage aufgeworfen habe, ob unsere Demokratie krank sei. Seine damaligen Warnungen seien von den regierenden Koalitionsparteien ignoriert worden - jetzt nun sei die Saat aufgegangen. (...)
Er erteilte dabei der von anderer Seite geforderten Gesamtschule eine klare Absage, weil eine solche Einrichtung zu Leistungsminderungen und sozialer Gleichmacherei führe. (...)
Dr. Barschel sagte dazu, daß er zwar die Todesstrafe ablehne, da sie kein Abschreckungsmittel

gegen weiteren Terror sei, daß er aber dennoch nach dem neuerlichen Anschlag Zweifel hege, ob seine Einstellung in dieser Frage richtig sei. Diese Frage müßte im Bundestag jetzt einmal gewissenhaft diskutiert werden.

Ost-Holsteinisches Tageblatt, 8. September 1977

Die aktuelle Friedensdiskussion ist wegen der vor allem von kommunistischen Gruppen gesteuerten Einseitigkeit der Blickrichtung gefährlich. (...) Wer sich um den richtigen Weg bemüht, darf nicht die Neutronenwaffe unserer amerikanischen Verbündeten verdammen, ohne die sowjetische Überrüstung mit Panzern und mit den auf West-Europa gerichteten SS-20-Raketen in die Diskussion einzubeziehen. Statt Emotionen brauchen wir mehr verteidigungspolitisches Fachwissen in dieser Diskussion.

Presse- und Informationsstelle der Landesregierung Schleswig-Holstein, 11. September 1981

Die Unruhe in der Bevölkerung wächst mit der sich steigernden Gewalt, mit der Erkenntnis, daß ihre tödliche Gefahr zu lange unterschätzt und von vielen verharmlost wurde. Der Bürger erwartet zu Recht von den Politikern überzeugende Reaktionen, die erkennen lassen, daß der Rechtsstaat des Terrors Herr wird.

Die Sympathie mit dem Terror ist genauso unmoralisch wie der Terror selbst. Der Sympathisant ist Mittäter. Er ist nicht besser als der Mörder.
Ein Schriftsteller, der den Terror als Ausdruck gesellschaftlicher Unzufriedenheit nachvollzieht, kann der Anstifter des nächsten Anschlages sein. Ein Professor, der den Terror intellektuell verniedlicht, zerstört das gesunde Gefühl des Volkes für Recht und Sittlichkeit. Ein Pastor, der mit dem Terror liebäugelt, ist ein Teufel im Talar. (...)
Die Achtung vor dem Gesetz, besonders vor dem Grundgesetz, schließt die Pflicht ein, das Recht zu ändern, es zu verbessern, wenn es notwendig ist. Diese Situation ist da.

Pinneberger Tageblatt, 4. Oktober 1977

Damit die Polizei an die Gewalttäter besser herankommt, erscheint mir die Wiedereinführung des alten Landfriedensbruchparagraphen mit der Strafbarkeit des Nichtentfernens nach polizeilicher Versammlungsauflösung hilfreich. Daneben sollte eine dem Sinn des Demonstrationsrechts widersprechende Vermummung oder passive Bewaffnung etwa mit Gasmasken nicht länger erlaubt sein. Wer sich vermummt, sucht erfahrungsgemäß den Schutz der Anonymität für Gewalttaten.

Schleswig Holstein Kurier, Mai 1981

Letzten Endes wird auch eine Verlagerung eines Teils der sozialen Verantwortung vom Staat zurück auf den Einzelnen oder auf soziale Gruppen sinnvoll sein. Der Bürger muß als verantwortungsvoller Träger von Pflichten gefordert werden. Die fortschreitende Freihaltung der sozialen Gruppen von gegenseitiger Verantwortung hat zu einem einseitigen Anspruchsdenken gegenüber dem Staat geführt und den Desintegrationsprozeß der Gesellschaft beschleunigt. (...)
Ich meine, daß durch diese Liberalisierung das Demonstrationsrecht in Wirklichkeit unterlaufen worden ist, zum Schaden mancher rechtstreuer Demonstranten und insbesondere auch zum Schaden unbeteiligter Bürger. (...)
Aber wenn ich an gewisse datenschutzrechtliche Diskussionen zwischen Datenschützern einerseits und Kriminalbeamten auf der anderen Seite denke, dann muß ich sagen: Wir müssen bei der Weiterentwicklung des Datenschutzes die Kirche im Dorf lassen. Denn der Datenschutz darf nicht zum Tatenschutz werden!

Der Kriminalist, 12/1981

Optimale Information setzt voraus, daß man darauf verzichtet, eine Politik zu machen, die zu einer schleichenden Lähmung der Sicherheits-

einrichtungen, vor allem des Verfassungsschutzes, führt. Ich wünsche mir manche zusätzliche Information. Aber welche Schwierigkeiten heute dem Verfassungsschutz im Vorfeld gemacht werden, ist bekannt. Es gibt manche, besonders in der SPD, die an einem Klima interessiert sind, das letztlich darauf abzielt, dem Verfassungsschutz das Handwerk zu legen. Wir werden eine solche Entwicklung verhindern.
DIE WELT, 18. Juni 1981

Über CS-Gas: Ich habe ein sauberes Gefühl, wenn ich es selbst ausprobiert habe.
Stormarner Tageblatt, 4. September 1981

Der Reizstoff CS wirkt im Gegensatz zum Tränengas (CN) schlagartig. Er macht die Betroffenen für kurze Zeit handlungsunfähig. Wer mit CS eine unangenehme Bekanntschaft machen muß, verspürt zunächst ein kräftiges Brennen in den Augen. Dann folgen heftige Hustenanfälle und ein – so das Innenministerium – »beklemmendes Gefühl«, das in den Entschluß mündet, vom Ort des Geschehens zu fliehen.
Lübecker Nachrichten, 26. Mai 1982

In Zweifelsfällen sollten Vermieter überprüfen, ob ihre Mieter sich tatsächlich angemeldet haben. Selbstverständlich werden vom Verfassungsschutz alle Mitteilungen auf Wunsch vertraulich behandelt.

Pressedienst der Landesregierung, 13. Juli 1982

Für 4,5 Milliarden Mark haben die Deutschen im letzten Jahr Alarmanlagen und Sicherheitsschlösser gekauft. Kein Zweifel: Viele Bürger trauen der Polizei nicht mehr zu, wirksam beschützt zu werden. Es wird immer mehr gestohlen, aber immer weniger aufgeklärt. Viele Bürger kritisieren zu Recht, daß zu wenig Polizisten auf der Straße sind; der Papierkram bindet viele Polizisten an den Schreibtisch. Das Rechtsbewußtsein für »Mein und dein« hat gelitten.
Hier haben wir Politiker viel zu tun!

BILD, 15. September 1982

In solchen Kategorien denken wir eigentlich nicht, wer zu wem kommt. Wir sind eine Union. Wir arbeiten geschlossen und solidarisch zusammen. Wir arbeiten mit Franz Josef Strauß zusammen und er mit uns. Wir werden gemeinsam ein Programm machen in den dafür vorgesehenen demokratischen Prozessen. Wir werden dieses Programm mit der CSU ... aushandeln. Aber es wird ganz sicherlich sehr stark beeinflußt werden vom Kanzlerkandidaten ...

Deutschlandfunk, 25. Juli 1979

Er appellierte an jeden einzelnen, das in seiner Macht Stehende zu tun, um »eine Wende in der deutschen Politik herbeizuführen«, und legte ein klares Bekenntnis zu Franz Josef Strauß ab. Der CDU-Kanzlerkandidat gehöre glücklicherweise »dem Verein für deutliche Aussprache an« und scheue sich nicht, auch unbequeme Wahrheiten auszusprechen.

Husumer Nachrichten, 2. Februar 1980

Anzeichen sprächen dafür, daß die Mörder des hessischen Wirtschaftsministers Karry aus dem Kreis der Umweltschutzbewegung kommen. Der Innenminister forderte ein verbessertes Demonstrationsrecht, das die Vermummung verbiete.

Kieler Nachrichten, 18. Mai 1981

Der von mir geschätzte Filmstar John Wayne trat unerschrocken für Recht und Gesetz ein.

Der Spiegel, 22. September 1980

Ernst Albrecht

Wenn es gelingt, überdurchschnittliche Menschen an die Herrschaft zu bringen, so vermögen Alleinherrschaft und Wenigenherrschaft eine bessere Ordnung zu errichten als die Volksherrschaft, aber auch nur dann.
Der Staat - Idee und Wirklichkeit. Stuttgart 1976, S. 120

... die integrierte Gesamtschule ..., die ja ganz klar die Zielsetzung hat, die Einbindung in das Kollektiv an die erste Stelle zu setzen, auch wenn die Förderung der Begabung und das Erzielen von Leistung darunter leiden. (...) Erstaunlich ist, daß diese ärmliche Ideologie so lange die Gemüter hat beschäftigen können. Dann sehe ich aber auch eine Chance für uns: Auf Dauer sind die Sozialisten auf der Verliererstraße.
Rede Wirtschaftstag, Frankfurt, 18./19. Juni 1980

Wenn die Jugend heute nicht für die Wiedervereinigung eintrete, handele es sich um ein Versagen der Schule. Darum müsse man »erst mal das Bewußtsein sehr, sehr vieler Lehrer ändern«.
Deutschlandtreffen der Schlesier, Frankfurter Rundschau 22. Juni 1981

Die Privatschulen sollen uns zeigen, wieviel besser Schule sein könnte, wenn man sie nur richtig macht.
Die Zeit, 1. Juni 1979

Was heißt eigentlich Jugendhilferecht? Hier wird unter dem Vorwand der Hilfe für die Jugend der Versuch gemacht, den Staat auch noch in die Familien hineinregieren zu lassen.

Bayernkurier, 28. Juni 1980

Jeden Morgen bekomme ich eine Liste über die Hausbesetzungen im Lande auf meinen Schreibtisch. Und dann steht da: Morgens um 9 Uhr besetzt, mittags um 12 Uhr geräumt. Das nimmt überhaupt keiner mehr zur Kenntnis. Es nützt doch überhaupt nichts, bei Hausbesetzungen lange zu warten!

Weser Report, 11. Oktober 1981

... bis zum Amtsantritt der SPD/FDP-Bundesregierung wagten es die alten Menschen selbstverständlich, nachts auf den Straßen nach Hause zu gehen. Damals gab es kein Problem des Terrorismus. Und dies ist auch nicht ohne Zusammenhang mit dem Regierungswechsel in Bonn.

Frankfurter Rundschau, 6. Mai 1978

In Niedersachsen kann ein Kommunist nur in den öffentlichen Dienst kommen, wenn er nicht weiß, was Kommunismus ist.

Frankfurter Rundschau, 6. Mai 1978

Ich will, daß eine Vielfalt der Programme wiederhergestellt wird, und das muß ich nun in aller Deutlichkeit sagen, es hat sich hoffentlich mittlerweile rumgesprochen, da bin ich wild entschlossen, das auch durchzusetzen in Norddeutschland. Hier werden wir uns nicht irremachen lassen. (...) Und Sie werden sehen, das ist also eine Sache, die fast so groß ist wie Gorleben. Wir werden über den NDR das ganze Rundfunkwesen in Deutschland neugestalten. Das ist wirklich eine Sache, die hochinteressant ist und mir persönlich viel Vergnügen macht.

ZDF, 8. August 1979

Wenn die Bürger sagen, sie sehen lieber ein Fußballspiel als eine politische Diskussion oder als eine Vorführung über Homosexualität, dann soll man es ihnen zubilligen.

Frankfurter Rundschau, 12. Juni 1979

Die Breitbandverkabelung kann für die Konjunktur in der Bundesrepublik Deutschland die gleiche Bedeutung gewinnen wie im vorigen Jahrhundert der Ausbau des Eisenbahnnetzes.

DIE WELT, 7. September 1982

Über die Grünen: Ein chaotischer Haufen.

Landesparteitag Wolfenbüttel, Landeszeitung, 17. Dezember 1979

Wörtlich sagte er auf die Frage, ob die Alternativen oder Grünen für ihn koalitionsfähig seien: »Die Alternativen nicht. Bei den Grünen hängt alles davon ab, welche Personen welche allgemeine politische Orientierung haben.«
WELT am SONNTAG, 17. Januar 1982

Ich gehe nicht nach Hannover, um Bahlsen-Kekse zu backen oder vielleicht mal Ministerpräsident zu werden. Ich will Bundeskanzler werden.
Stern, 11. März 1976

Ich gehöre im übrigen nicht zu denen, die glauben, daß es ein persönlich erstrebenswertes Ziel wäre, Kanzlerkandidat oder auch Kanzler in Deutschland zu sein.
DIE WELT, 27. März 1979

Wir haben ja viel mehr zum Beispiel als die SPD einen Grundbestand gemeinsamer Überzeugungen. Es ist richtig, daß ich mehr ein Mann der Mitte bin, als Franz Josef Strauß es wohl ist. Es ist richtig, daß ich einen anderen Stil habe, Politik zu machen. Aber die Wertentscheidungen, die unserer Politik zugrunde liegen, das sind gemeinsame Überzeugungen. Und ich kann das, was Franz

Josef Strauß vertritt, auch vertreten. Ich vertrete vielleicht etwas mehr als er.
Deutschlandfunk, 29. Mai 1979

Das ist eigentlich, was mich von Franz Josef Strauß am meisten unterscheidet: daß wir einen anderen Stil haben.
Stuttgarter Nachrichten, 2. Juni 1979

Spiegel: Sie sagen - zum Sachprogramm noch mal zurück -, Sie könnten das, was Franz Josef Strauß vertritt, ohne weiteres auch vertreten. Das haben Sie kürzlich in einem Interview gesagt.
Albrecht: Ich habe gesagt, wir haben die gemeinsamen Wertüberzeugungen, politischen Zielvorstellungen; das ist richtig.
Der Spiegel, 4. Juni 1979

Ich habe nicht die Absicht, in Bonn ein anderes Regierungsamt als das des Kanzlers anzunehmen.
DIE ZEIT, 8. Juni 1979

Ernst Albrecht will an seiner Kanzler-Kandidatur »unter allen Umständen« festhalten: »Wenn Herr Strauß nicht verzichten kann - ich verzichte auch nicht.«
BILD, 20. Juni 1979

Gemeinsam
sind wir stark
CSU/CDU

Heute ist die CDU, und dies gilt auch für die CSU, programmatisch so einig wie selten zuvor. (...) Wir haben selbstverständlich auch die konservativen Elemente in der Partei, aber auch eine ganz besondere liberale Note.

Neue Osnabrücker Zeitung, 21. Juli 1979

Als Politiker brauche man eine »quasi militärische Einstellung: Man geht dahin, wo man gebraucht wird.«

Vor CDU-Funktionären, Stern, 11. September 1980

Wir stehen alle im Geschirr für Strauß, und das macht Spaß.

Westfalenpost, 20. September 1980

Alfred Dregger

Wenn ich Bure wäre, würde ich mich auch auf die Festung zurückziehen und um mich schießen.

Der Spiegel, 21. 11. 1977

Wer für Unrecht und Unordnung ist, der soll ruhig die anderen wählen. Wer für Recht und Ordnung ist, der soll uns wählen.

Münchner Merkur, 18. Juli 1978

Im Indischen Ozean muß Europa an die Seite der USA treten. Das heißt nicht, den Verantwortungsbereich der NATO auszudehnen. Aber ich plädiere dafür, daß einige europäische Mitglieder der NATO hier zusätzliche Verpflichtungen übernehmen. (...) Wo wir unseren militärischen Beitrag leisten, ist keine prinzipielle, sondern eine Frage der Arbeitsteilung im Bündnis.

Stuttgarter Nachrichten, 1. März 1980

Diese Neutronenwaffe ist geeignet, die sowjetische Panzerüberlegenheit zu eliminieren. (...) Es wäre also im Grunde nicht Aufgabe der Amerikaner, uns diese Waffe anzubieten, sondern es wäre unsere Aufgabe, in unserem eigenen Interesse darauf zu drängen, daß die Amerikaner diese Waffe zur Verfügung stellen.

Süddeutscher Rundfunk, 15. Februar 1981

Wenn die Sowjets nicht abrüsten und wir nicht in der Lage sind, mit Panzern aufzurüsten, dann bleibt eben nur die Neutronenwaffe eine Gefechtsfeldwaffe, die es der Sowjetunion unmöglich macht, mit ihren Panzern in einem Blitzkrieg uns hier in Westeuropa zu überrollen. (...) Es ist leider so, daß es der Desinformationskampagne der Sowjetunion mit Hilfe der SPD-Baracke gelungen ist, die Tatsachen auf den Kopf zu stellen und hier in Deutschland eine Diskussion zu entfachen, die an Absurdität grenzt.

Deutschlandfunk, 19. August 1981

Auch die Parole »Lieber rot als tot« ist töricht. Machen wir sie uns zu eigen, dann wird daraus ein »Erst rot und dann tot«. Wenn nämlich Breschnew und Honecker erst unser Land besetzt haben, dann gibt es keinen Pazifismus und keine Wehrdienstverweigerung mehr. Dann werden auch unsere Wehrdienstverweigerer in den Reihen der Roten Armee für die Sowjetunion und gegen die USA kämpfen und sterben müssen.

Express, 9. April 1981

Es entspricht allen geschichtlichen Erfahrungen, daß Verhandlungen dann nicht aussichtsreich sind, wenn die eine Seite völlig überlegen ist und die andere Seite nicht einmal begonnen hat, diese Unterlegenheit auszugleichen. Deswegen habe ich großes Verständnis für die amerikanische Administration, die nicht zu früh und nicht übers Knie brechend die Verhandlungen mit der Sowjetunion beginnen möchte, sondern erst einmal im eigenen Bereich eine Ordnung herbeiführen möchte und diese Nachrüstung auf den Weg bringen möchte.

Deutschlandfunk, 12. April 1981

Bis zur Aufstellung der ersten NATO-Raketen als Gegengewicht gegen die bereits vorhandenen SS-20-Raketen der Sowjetunion vergehen noch mindestens zwei Jahre. Diese Zeit dürfte reichen, um die SPD voll auf die Moskauer Linie zu bringen.

Express, 2. Juli 1981

Wenn Konrad Adenauer sich so verhalten hätte wie heute Helmut Schmidt, dann wären wir wahrscheinlich schon im sowjetischen Imperium.

Hessischer Rundfunk, 18. Februar 1979

Bahr gibt mit seiner pseudomoralischen Attacke gegen die Neutronenwaffe im Sommer 1977 das Stichwort für die weltweite kommunistische Propagandawelle gegen die Produktion und Einführung dieser wirksamen Verteidigungswaffe gegen östliche Panzerüberlegenheit. (...) Während die linke Parteiführung der SPD unter Wehner, Brandt und Bahr zielstrebig die Weichen für eine moskau-orientierte Sicherheits- und Abrüstungspolitik stellt, versucht sie Schritt für Schritt, den zuständigen Außenminister Genscher – wie einst in der ersten Phase der Brandt'schen Ostpolitik den damaligen Außenminister Scheel – auszumanövrieren.

Deutschland-Union-Dienst, 21. März 1979

Der äußere Friede wurde unsicherer, weil der Schwerpunkt von der West- auf die Ostpolitik gelegt wurde. Terrorismus und Gewaltdemonstrationen in nicht gekanntem Ausmaß bedrohen den inneren Frieden. Den Kommunisten wurde der Staatsdienst geöffnet.

Express, 2. Oktober 1980

In der Koalition mache sich ein friedensgefährdender Pazifismus breit, der in Parolen »Lieber rot als tot« oder »Perversion des Denkens« und »Frieden ohne Waffen« zum Ausdruck komme. (...) Als gefährliche geistige Verirrung bezeichnete er die »Veränderungsideologie«.

Giessener Anzeiger, 5. März 1981

Chile wurde durch Allende ins Unglück gestürzt. Die von ihm geführten marxistischen Kräfte haben ein Chaos verursacht und damit die Voraussetzungen für das Eingreifen des Militärs geschaffen. Die ökonomischen Erfolge der streng marktwirtschaftlichen Politik Chiles sind beeindruckend. Hinzu kommt, daß autoritäre Systeme, wie das jetzige chilenische, inneren Wandel nicht ausschließen. Was in faschistischen und kommunistischen Ländern unmöglich ist, in Spanien aber möglich war, sollte auch in Chile gelingen.

CDU/CSU-Pressedienst, 20. August 1979

Weder in Chile noch in Argentinien hat sich das Militär zur Macht gedrängt. Vorausgegangen war ein schlimmes Versagen der Politiker, das nicht geringer war als in der Weimarer Republik. In Chile und Argentinien hat das Militär getan, was die Reichswehr 1933 gegenüber Hitler leider unterlassen hat.

Die Regime in Chile und Argentinien sind nicht kommunistisch oder faschistisch – dann wäre ein innerer Wandel ausgeschlossen. Die Militärregime sind autoritär. Sie verfügen über keine totalitäre Ideologie. Sie begnügen sich mit äußerem Gehorsam. Sie tragen Übergangscharakter. Sie können im Faschismus bzw. Kommunismus, sie können nach dem Beispiel Spaniens auch in der Demokratie enden.

Hannoversche Neue Presse, 22. August 1979

So gehe es beispielsweise in Nicaragua und El Salvador nicht um den Kampf für Menschenrechte und Demokratie, sondern um den Aufbau des Kommunismus.

Neue Osnabrücker Zeitung, 17. März 1982

Unsere Polizeibeamten werden nicht so unterstützt und gestützt, wie sie es verdienen. Wenn sie zugreifen und mal einen Falschen erwischen, dann gibt es gleich einen Skandal. (...) Ich hab' das Gefühl, die Politiker von SPD und FDP fürchten sich mehr vor einem Übergriff der Polizei als vor einem Verbrechen der Terroristen.

Neue Revue, 4. September 1978

Der Rechtsextremismus hat weiter verloren. Die politische Bedeutung des Linksextremismus ist dagegen erheblich gewachsen.

CDU-Pressedienst, 13. August 1980

Frage: Was heißt das konkret nun im Hinblick auf die Spionagetätigkeit ... Wie kann man sich besser schützen ...?

Antwort: Verstärkte Sicherheitsüberprüfungen. Und wenn das zum Beispiel bei der Einstellung in den öffentlichen Dienst - die Sekretärinnen sind ja nur Parteisekretärinnen gewesen -, aber sogar in den Staatsdienst, daß da nicht einmal das Verfassungsschutzamt gefragt werden darf, liegt etwas vor gegen diese Person, das ist als Berufsverbotsgeschichte verleumdet worden ... Jetzt fügen sich SPD und FDP diesem Druck, der letztlich von Moskau ausgeübt wird. Wir müssen nüchterner werden und uns der Lage stellen.

Süddeutscher Rundfunk, 18. März 1979

Zur Diskussion der letzten Tage über die Nürnberger und Münchner Demonstrationen und Hausbesetzungen sagte er, es gehe nicht an, daß Polizeibeamte »weiter zusammengeknüppelt werden«. Auch der »Verlust an innerem Frieden« sei eine Folge der mangelhaften Regierungsarbeit, weil sie den jungen Menschen unter anderem kein Vertrauen in die Kernenergie vermitteln könnte.

Frankfurter Rundschau, 18. März 1981

Scharf kritisierte der Hesse Hausbesetzungen und Demonstrationen, die er mit »Banditen« verglich. Deren Ziel sei es, den Staat als hilflos darzustellen. Er forderte, daß der »Rechtsstaat die innere Sicherheit garantieren« müsse.

Neue Osnabrücker Zeitung, 17. März 1982

Wir brauchen neue Kraftwerke, insbesondere Kernkraftwerke.

Hessen-Kurier, Jan./Feb. 1981

Schwerpunkt des Programms wird sein, die freien Kräfte der Wirtschaft auf drei Gebieten zu umfangreichen Investitionen und damit zur Stärkung der wirtschaftlichen Stabilität und zur Sicherung der Arbeitsplätze zu motivieren: auf dem Gebiet des Wohnungsbaus, der Entwicklung neuer Medientechnologien und der Kernenergie. Hier warteten Milliardenbeträge nur darauf, für Investitionszwecke eingesetzt zu werden, was bisher aber an ideologischen Barrieren sozialdemokratischer Politik gescheitert sei.

Allgemeine Zeitung, Mainz, 10. November 1981

Schluß mit den Anti-Atomkraft-Spielen.

Hanauer Anzeiger, 16. April 1982

Zur Energieversorgung registriert der CDU-Landesvorsitzende »zehn Jahre dummes Geschwätz der Verantwortlichen«. (...) Er warnt vor dem Tag, an dem die Lichter ausgehen.

Frankfurter Neue Presse, 17. September 1980

Machen wir uns selbst und unserer Jugend klar, daß Religion, daß Recht und Gesetz, daß Ordnung und Fleiß, Familie und Vaterland nicht überholt, daß sie unentbehrliche Elemente einer freiheitlichen Gesellschaft sind.

Der Agrarbrief, 28. Oktober 1979

Frage: Sie geben der sozialliberalen Koalition ein Großteil der Schuld, unsere Jugend fehlgeleitet zu haben, Entwicklungen nicht rechtzeitig gestoppt zu haben. Nun ist aber doch Erziehung Sache der Bundesländer.
Antwort: An der Erziehung sind zunächst einmal die Eltern beteiligt, alle Menschen, die mit jungen Menschen in Verbindung kommen, also natürlich auch Schulen, dann natürlich auch Betriebe und Universitäten. Nur: Wo sind denn die Fehlentwicklungen am stärksten? Wo kommen denn die Terroristen her? Nicht aus den Fabriken. Sie kommen zum größten Teil aus den Hörsälen. Und der Grund wird in den Schulen gelegt. Dafür sind in der Tat diejenigen verantwortlich, die diese falschen Erziehungsideologien

gegen den Willen der Eltern unseren Kindern aufzwingen wollen.

Südwestfunk, 13. August 1980

Wir brauchen Eliteuniversitäten oder zumindest an den Massenuniversitäten Fachbereiche für Hochbegabte, Fachbereiche, die nicht durch eine falsch verstandene Demokratisierung, durch Politisierung und Bürokratisierung erstickt werden.

Hessen-Kurier, Jan./Feb. 1981

In der Türkei liegen sechs Millionen Menschen in den Startlöchern, weil ihre Regierung erwägt, die Freizügigkeit zu erlauben. Wenn auch diese noch zu uns kommen, bricht unser soziales Netz völlig zusammen.

Hanauer Anzeiger, 16. April 1982

Zu erwägen sei, so meinte Dregger, in der Nähe von Grenzen sogenannte »Grenzrichter« zu beauftragen, solche Entscheidungen zu treffen.

DIE WELT, 22. April 1980

Darüber sind wir uns doch einig: Die Ausländer müssen raus.

Der Spiegel, 6. Dezember 1982

Jetzt dürfen Sie alle tun, was Sie gerne möchten. Sie dürfen CDU wählen.

Wirtschaftswoche, 24. September 1982

Richard Stücklen

WELT: Die Todesstrafe könnte Terroristen abschrecken?
Stücklen: Jawohl, ich bin der Meinung, daß die Androhung der Todesstrafe für Terroristen eine abschreckende Wirkung hat. Viele potentielle Täter würden vor der Tat zurückschrecken, wenngleich ich einräume, daß dies nicht für alle gelten wird. Auch in der Bundesrepublik haben wir die Erfahrung machen müssen, daß verurteilte Mörder für die in Freiheit befindlichen Terroristen Anlaß sind, immer wieder den Versuch zu unternehmen, den Staat mit neuen Gewaltakten zu erpressen. Wir erleben, wie ungeniert der internationale Terrorismus sein Unwesen treibt und wie leicht ein jeder Unschuldige heute Opfer dieser grausamen Verbrechen werden kann.
WELT: Die Todesstrafe ist aber durch Artikel 102 Grundgesetz abgeschafft worden.
Stücklen: Mir ist klar, daß die Wiedereinführung der Todesstrafe für bestimmte, genau abgegrenzte Verbrechen eine Änderung des Grundgesetzes bedingen würde, die einer Zweidrittelmehrheit des Bundestages bedarf. Deshalb habe ich an alle verantwortlichen Kräfte in der Bundesrepublik Deutschland, das heißt an die vier im Bundestag vertretenen Parteien, appelliert, sich mit diesem Gedanken zu befassen.

DIE WELT, 6. Juli 1976

So abartige Gedanken: Wucherungen verdeutlichen, daß Terrorismus am ehesten in einer Gesellschaft auftreten können, die nicht intakt ist. Wer alles in der Bundesrepublik daran Schuld hat, daß Staat und Gesellschaft nicht intakt, sondern innerlich zerfressen sind, das ist notorisch. Die Sozialdemokraten und die Freien Demokraten haben es zugelassen, daß diese Bakterien immer weiter um sich griffen. Sie fanden es chic und modern, so weit links zu diskutieren und zu denken, sahen sich auf einer Waage des Fortschritts und merkten nicht oder wollten nicht wahrhaben, welch ein Teufel sie bei der Blindekuh so betörte. Die Bildungspolitik in einigen Ländern ist das elende und miserable Erzeugnis dieser Grundhaltung.
Gewissenhafte Geschichtsschreibung wird vielleicht eines Tages zu dem Schluß kommen, daß das praktische Vorgehen gegen Terrorismus in der Bundesrepublik in diesen Zuständen seine tiefste Wurzel hat. Es ist nämlich, seit die Bundesrepublik entsteht, kein heiles Bild von Staat und Gesellschaft entstanden, sondern es ist alles getan worden, sein Entstehen zu verhindern. Sinn für Recht und Ordnung gingen darüber bei vielen in die Brüche. Stattdessen wurden linksangestrichene Postulate hervorgekehrt, in denen Terroris-

mus einen beinahe legitimen Platz hatte, zumindest liebevolles Verständnis fand.
Wäre diese fundamentale Verwirrung nicht so groß, wie sie ist, die Bekämpfung des Terrorismus hätte von Anfang an mit ganz anderer Effektivität erfolgen können.

CSU-Presse-Mitteilungen, 22. März 1978

Rufe nach einer an sich unnötigen Bürgerwehr sind nur allzu verständlich. Jedes verbrannte Auto, jede zerschlagene Fensterscheibe, jeder geplünderte Laden sind ein Stück Vernichtung dessen, was sich fleißige Bürger oftmals unter ganz erheblichem Konsumverzicht erarbeitet haben. Die Toleranz der Anständigen im Land hat Grenzen.

BILD am SONNTAG, 27. September 1981

Heinrich Lummer

Ich bin der Häuptling festes Pferd. Hugh! Ich habe gesprochen.

BZ, 29. Juli 1982

Jedenfalls erscheint es mir durchaus eine ernsthafte Frage an alle professionellen oder passionierten Wodka-Trinker, ob sie denn in Zukunft ausgerechnet russischen Wodka trinken müssen. Man stelle sich vor: Wenn wir alle keinen russischen Wodka mehr trinken, dann muß die dortige Produktion gedrosselt werden, oder die Sowjetbürger müssen ihn selber trinken. Vielleicht wird er dadurch für die sowjetischen Arbeiter billiger. Und das wäre gut so. Vielleicht stiege der Alkoholkonsum in der Sowjetunion noch mehr. Das wäre auch gut, weil dann die Leistungsfähigkeit des Systems noch mehr sinkt. Wenn wir keinen russischen Wodka mehr trinken, dann verringern sich die Deviseneinnahmen, weil die Sowjetmacht ihren flüssigen Wodka eben nur gegen harte Währung verkauft. Auch das wäre gut so, weil man dann weniger Geld für Waffen hätte.

Berliner Morgenpost, 1. Februar 1980

Viele Eltern erfahren von ihren Kindern, was bei manchem Lehrer geredet und getan wird, daß er nichts anderes als das Ziel verfolgt, Sand ins Getriebe zu streuen, indem er Eltern, Staat und eben die Werte madig macht. Eine solche Pädagogik ist schlecht und nicht geeignet, einen Wertkonsens zu erzielen.

Deutsche Tagespost, 11./12. April 1980

Natürlich spielt auch die kritische Distanz, die viele Journalisten unserem Staat gegenüber empfinden, eine beachtliche Rolle bei der Berichterstattung. Es fehlt die Liebe zum Objekt. Es gibt eine ganze Zahl von Journalisten in den Sendern, die lieber etwas Positives über die DDR als über die Bundesrepublik verbreiten. Je mehr man die Bundesrepublik anschwärzen kann, desto mehr glaubt man, seinen Auftrag als kritischer Journalist erfüllt zu haben.

Berliner Rundschau, 6. November 1980

Der Einfluß einer ganzen Reihe von Schriftstellern, darunter Böll, war darauf gerichtet, die Autorität des Staates in Frage zu stellen.

Der Spiegel, 6. Juli 1981

Die Verschiebung der Werteordnung unter den jungen Menschen und der mangelnde Respekt vor fremdem Eigentum sind Folge einer verfehlten Schulerziehung, für die nicht zuletzt auch die

Lehrergewerkschaft Erziehung und Wissenschaft (GEW) verantwortlich ist.

Berliner Morgenpost, 12. Juli 1981

Immer dann, wenn die Bauarbeiter hinter der Polizei stehen, wird die Polizei den Bauarbeitern den Weg frei machen.

Berliner Morgenpost, 1. November 1981

Heute müssen besetzte Häuser noch mehr als in der Vergangenheit unter dem Gesichtspunkt betrachtet werden, daß sie Fluchtburgen der Gewaltkriminalität darstellen. Deshalb appelliere ich an alle, die Gewalt ablehnen, sich von möglichen Gewalttätern zu distanzieren. Andererseits können künftig Häuserräumungen als Mittel der Gewaltbekämpfung erforderlich werden.

Berliner Morgenpost, 13. Juni 1982

Zu diesem Straßenkampf gehört zum Beispiel auch schlicht und einfach ein Vorgang, der mit Demonstration überhaupt nichts zu tun hat, nämlich die gefährliche Zusammenrottung auf der Straße zum Zwecke der Gewaltausübung. Auch hier sage ich noch einmal: Die Polizeiführung hat einen Vorschlag erarbeitet. Wir halten es für notwendig, um in der Bekämpfung konkreter werden zu können, diesen Straftatbestand der »gefährlichen Zusammenrottung« in das Strafgesetzbuch einzufügen.

Abgeordnetenhaus von Berlin, 24. Juni 1982

Wir müssen das Recht konsequent verfolgen.

Im ZDF zu den Häuserräumungen, Frankfurter Rundschau
5. November 1982

In den Augen vieler Hausbesetzer ist der Staat nur ein Selbstbedienungsladen und der Ladendiebstahl eine Form alternativen Einkaufens. Da brüstet man sich damit, den Staat über Bafög, Wohngeld und Sozialhilfe zu »beklauen«, gleichzeitig aber wird eben dieser Staat als »Schweinesystem«, an dessen Futtertröge man sich hemmungslos hält, bekämpft.

Das ist unerträglich. Um so mehr, wenn zum Nulltarif in besetzten Häusern gewohnt und durch die Vermietung eigener Wohnungen der Gewinn maximiert wird. Das ist eine Herausforderung des Staates, die auf die Dauer nicht hingenommen werden kann.

BILD am SONNTAG, 28. November 1982

Ein wirklich politisch Verfolgter wird bereit sein, eine gewisse Zeit in Sammelunterkünften zu verbringen. Wer aber herkommt, um die Wohltaten unseres Landes zu genießen – und das sind 90 Prozent –, dem wird das mißfallen. Der wird rebellieren. Daran wird deutlich, daß ihn der wirtschaftliche Reiz und nicht die politische Verfolgung hergebracht hat. Der Mißbrauch des Asylrechts muß weg.

Neue Revue, 11. Dezember 1981

Asylbewerber, die der Allgemeinheit schaden, und das tun Rauschgifthändler, fliegen jetzt raus. Die werden abgeschoben. (...)

Neue Revue: Sie handeln an Bonn vorbei. Ohne Zustimmung des Bundesinnenministers?

Lummer: Egal, ob er zustimmt oder ablehnt. Die Rauschgifthändler werden vor Erledigung des Asylantrags abgeschoben.

Neue Revue, 20. März 1982

Willst du zwei oder acht Jahre nach Deutschland gehen und dort kostenlos leben, dann brauchst du nur an die Grenze zu gehen und das Wort »Asyl« zu sagen.

DIE WELT, 13. April 1982

Keinen Pfennig! Denen muß jeder Anreiz, zu uns zu kommen, genommen werden.

Zu seiner Absicht, Asyl-Bewerber nicht nur die Straße, sondern auch den Park fegen zu lassen – aber ohne Entgelt.

Westfälische Nachrichten, 8. Mai 1982

Wen wundert es, daß die großzügigen Sozialvorschriften unseres Staates für viele Ausländer Anreiz sind, sich hier aufzuhalten und alle sozialen Möglichkeiten weidlich auszunutzen. Schließlich läßt es sich mit Sozialhilfe hier besser leben als in vielen anderen Ländern der Welt mit Arbeit.

Deutschland-Union-Dienst, 30. Juli 1982

Wenn ein Mensch in Kreuzberg eines Tages aufwacht und feststellt, dies ist nicht mehr ein Stück meiner Heimat, sondern ich bin vielleicht eher in Anatolien als in Berlin, dann löst das bei ihm Spannungen aus.

Rheinische Post, 14. August 1982

Ich bedaure, daß in der Frage extremer Parteien in Berlin mit zweierlei Maß gemessen wird. Auf der einen Seite haben wir eine zugelassene linksextreme Partei, auf der anderen Seite eine verbotene rechtsextreme Partei.

Frankfurter Rundschau, 5. März 1982

Die Herausforderung unserer Tage lautet weniger, daß wir den mündigen Bürger brauchen ..., wir brauchen den Bürger, der auch weiß, daß es neben den Rechten auch Pflichten, Disziplin und Fleiß gibt.

Epoche, Juli 1982

Berlins Straßen müssen wieder sicherer werden, damit vor allem Frauen wieder ohne die Angst als ständige Begleiterin ihre Wohnung verlassen können.

Berliner Morgenpost, 26. August 1982

Aus der Vielzahl wichtiger Werte und Charaktermerkmale erscheinen dem Senator für Inneres die folgenden besonders bedeutsam und förderungswert: Gemeinsinn, Bescheidenheit, Güte, Charakterfestigkeit, Disziplin, Toleranz und Redlichkeit und nicht zuletzt Fleiß. Daß solche und andere Tugenden heute vielfach als »Sekundärwerte« abgetan oder durch Assoziation zu Untaten gar denunziert werden, ist unverständlich und zutiefst deprimierend.
Die Propagierung der antiautoritären Erziehung durch die GEW ist in der Regel eingebettet in Äußerungen zur sogenannten Demokratisierung und Humanisierung der Schule, zur Emanzipation und Systemüberwindung.

Aus dem Berliner Abgeordnetenhaus, 5. Oktober 1982

Gerold Tandler

Wir müssen mit tiefer Besorgnis feststellen, daß die verbalen Methoden, mit denen die Exponenten sozialistischer Politik die demokratische Opposition auszuschalten versuchen, von denen der Faschisten kaum noch zu unterscheiden sind.
UC-Korrespondenz, 27. Februar 1975

Hätten wir das bayerische Modell in den anderen Funkhäusern, dann wäre die heutige Diskussion gar nicht notwendig.
DIE ZEIT, 22. August 1975

Wenn sich eine Vereinigung an die allgemeinen gesetzlichen Regelungen, wie zum Beispiel das Uniformverbot – wobei aber das Uniformverbot des Paragraph 3 des Versammlungsgesetzes nur für das Tragen in der Öffentlichkeit oder in einer Versammlung gilt –, das Waffengesetz, das Naturschutzgesetz, die Straßenverkehrsordnung usw. hält, kann die Abhaltung zu »Wehrsportübungen« nicht unterbunden werden. Der »Wehrsport« selbst ist nicht strafbar.
Bayerischer Landtag, 12. März 1979

Es hat sich weltweit herumgesprochen, daß unser Land das Eldorado ist, wo man unter Ausnutzung der rechtsstaatlichen Mittel über Jahre hin – oft ohne Arbeit - auf Kosten der Sozialhilfe und damit zu Lasten der deutschen Steuerzahler leben kann.

Praline, 11. April 1979

Man muß gegen Extremisten allgemein vorgehen. Wer die Lage kennt ..., der weiß, daß es zwar einen Rechtsextremismus gibt, aber daß die eigentlichen großen Gefährdungen von seiten des Linksextremismusses kommen. Man soll nicht ein Schattenreich aufbauen, eine Schattengefahr aufbauen über das hinaus, was existiert. Die große Gefahr kommt vom Linksextremismus, schon aus der einfachen Tatsache heraus, daß der vom Ausland unterstützt wird mit riesigen Geldmitteln. (...)
Man darf bei aller Gefahr, die der Rechtsextremismus darstellt, nicht übersehen, daß zahlenmäßig, finanziell und stärkemäßig der Linksextremismus wesentlich bedeutender ist und eine erheblich größere und echte Gefahr ist für die Bundesrepublik Deutschland.

Deutschlandfunk, 4. September 1980

Wer, wie der Berliner Senat, mit Rechtsbrechern dieser Art laufend konferiert, muß sich nicht

wundern, daß ihnen allmählich das Bewußtsein verloren geht, etwas Unrechtes zu tun.
BILD, 9. März 1981

Den Gewalttätern von Brokdorf und den Randalierern von Nürnberg geht es offenbar nicht um gesellschaftspolitische Anliegen.
Der Bau von Kernkraftwerken, die Anlage eines Flugplatzes oder das Leerstehen von Wohnungen sind nur ein Vorwand für Gewaltakte gegen unsere Rechtsordnung.
Bayerischer Landtag, 11. März 1981

Bayern ist nicht Chile. Bayern ist nicht das Chile des Herrn Allende und auch nicht seines Nachfolgers. Bayern ist Bayern.
Bayerischer Landtag, 11. März 1981

Das ganze Geschrei wegen Diffamierung und Rehabilitierung ist doch alles Affentheater. Das Problem ist: Manche junge Leute haben das Unrechtsbewußtsein für viele Delikte einfach verloren.
BILD, 7. Mai 1981

Wenn ich Gutachten lese, muß ich sagen, ist der Einsatz von CS sogar humaner als der Einsatz von bisherigem CN.
ARD-Fernsehen (Monitor), 21. Juli 1981

Über kurz oder lang werden die Demonstranten sowieso Schußwaffen einsetzen. Dann muß auch die Polizei scharf schießen.

PPP, 8. Juli 1981

Es hängt allein vom Verhalten der Chaoten ab, ob die Palette der Einsatzmittel auch in Zukunft erweitert werden muß.

Weltbild, 7. August 1981

Niemand darf Friedensliebe und Friedensfähigkeit für sich vereinnahmen. Es besteht kein Anlaß, an sogenannte Pazifisten Legitimitätsvorgaben zu machen.

Bayerische Staatsregierung, Bulletin, 27. Oktober 1981

Die vielzitierte Solidarität der Demokraten ist nach Ansicht des Ministers in den nächsten Jahren »nötiger als je zuvor. Wer überlegt, welche Figuren in Berlin schon im Parlament sitzen, wer verfolgt, zu welchen Aktionen sie aufrufen, fragt sich, was unter dem Deckmantel der Demokratie noch alles möglich sein soll und wie man diesem Treiben rechtzeitig Einhalt gebieten kann.«

Nordbayerischer Kurier, 15. Oktober 1981

Nein. Es gibt nichts an Abläufen während meiner Amtszeit, was mich das Fürchten lehren könnte,

was das Licht der Öffentlichkeit scheuen müßte.
Zum Fall Langemann, Abendzeitung (München), 10. März 1982

Als Innenminister hat man sich in der Hauptsache wirklich um wichtigere und für die Bevölkerung nützlichere Dinge zu kümmern als um den Fall Langemann.
BILD am SONNTAG, 15. August 1982

Mein gutes Verhältnis zu Strauß, das können Sie ruhig schreiben, ist nicht mehr steigerungsfähig.
Stuttgarter Nachrichten, 2. Juli 1982

Ich lese WELT, weil ihre Kommentare aus nonkonformistischer Sicht die Probleme beleuchten – vor allem auch die Aspekte und Tatsachen, welche die Bundesregierung und die sie tragenden Parteien gerne im Dunkeln lassen möchten.
DIE WELT, 27. März 1982

Jürgen G. Todenhöfer

Im Namen der CDU/CSU forderte er »speziell ausgebildete Jagdkommandos«, die »erbarmungslos« die Terroristen jagen, den gezielten Todesschuß für die Polizei im äußersten Notfall und die Abschaffung der Zwangsernährung.

Badische Zeitung, 17. Oktober 1978

Pinochet hat mir ausdrücklich versichert (...), daß bereits in wenigen Monaten fast alle politischen Gefangenen, die es in Chile noch gibt (...), freigelassen werden. (...)
Und es geht natürlich auch etwas darum, das Chile-Bild, so wie es im Augenblick besteht, zu korrigieren.

Deutschlandfunk (Fünf nach sechs), 1. April 1975

Die Unterstützung schwarzer Terroristen im südlichen Afrika mit deutschen Steuergeldern muß sofort beendet werden.

DIE WELT, 25. September 1978

Deutschland braucht Südafrika. Ein Stopp unserer Wirtschaftsbeziehungen zu Südafrika beschert uns fünf Millionen Arbeitslose. Die CDU/CSU ist nicht bereit, zuzulassen, daß die Bundesregierung Millionen deutscher Arbeiter die

Arbeitsplätze wegnimmt, pro-sowjetischen Guerillas zuliebe.

BILD am SONNTAG, 8. April 1979

Die Russen müssen jetzt in Afrika gestoppt werden. Wer Rhodesien aufgibt, spielt auch Südafrika in die Hände der Russen. Nach der schweren Schlappe des Westens im Iran wäre eine sowjetische Machtübernahme im südlichen Afrika ein vernichtender Schlag für die Wirtschaft und die Sicherheit unseres Landes.

BILD am SONNTAG, 15. April 1979

Es verwundert nicht, daß der SPD-Vorsitzende Brandt einer der Hauptkritiker der Spezialeinsatztruppe ist und sich damit erneut zum Sprachrohr sowjetischer Propaganda macht.

WELT am SONNTAG, 5. August 1979

Obwohl die marxistischen Regime Meister im Zerstören sind, haben Politiker wie Bahr, Brandt und Eppler kräftig mitgeholfen, sie in der dritten Welt in den Sattel zu heben.

BILD am SONNTAG, 21. Oktober 1979

Und was ist heute, nach dem Sturz des Schahs? Wir haben einen unserer wichtigsten Partner verloren. (...)

Wenn auch Saudi-Arabien fällt, gehen bei uns in Europa die Lichter aus.

BILD, 8. Dezember 1979

Europa muß endlich aus seinen Entspannungsträumen erwachen. Wenn wir zusammen mit den USA den sowjetischen Vormarsch in der Dritten Welt jetzt nicht stoppen, gehen in Europa die Licher aus.

Bunte, 30. April 1980

Zusammen mit dem Vorwurf, die Sowjets betrieben in Afghanistan die »systematische Ausrottung der wehrlosen Zivilbevölkerung«, hat der CDU-Abgeordnete Todenhöfer am Montag die Forderung erhoben, den afghanischen Freiheitskämpfern »Defensivwaffen« zur Verfügung zu stellen.

Frankfurter Allgemeine Zeitung, 23. Dezember 1980

Wir Bürgerlichen werden das Land nicht der Straße überlassen!

Südwestpresse/Schwäbisches Tagblatt, Tübingen, 6. März 1981

Otto von Habsburg

Unsere Staaten und ihre Organe sind heute für eine atomare Erpressung absolut nicht vorbereitet: Die Verfassungen Westeuropas gelten nur für Schönwetter-Tage. (...)
Das Wesentlichste wäre: Alle Macht, ohne Verzug, wird auf neun Monate an eine einzige Person übertragen. Dieser Mann sollte, nur für die Zeit des Notstandes, das Recht haben, sämtliche Gesetze zu suspendieren. (...)
Mit der Ausrufung des Staatsnotstandes träte auch das Kriegsrecht in Kraft. Es scheint absolut geboten, für eine solche Situation eine schnell arbeitende Justiz beziehungsweise die letzte Strafe wieder einzuführen.

Zeitbühne, 4/1978

Innerhalb von zwei Jahren könnten wir mit ihm ein politisches Europa hinstellen, gegen das die ganze sowjetische Rüstung nicht ankommen kann.

Über Strauß, Frankfurter Rundschau, 21. Juli 1980

Südafrika ist eine Demokratie, zumindest für den weißen Teil seiner Bevölkerung.

Deutsche Tagespost, 10. September 1982

Constantin Freiherr Heereman von Zuydtwyck

Ebenso wie wir keine Kommunisten im öffentlichen Dienst sehen wollen, wünschen wir kein ausländisches Fleisch in deutschen Würsten.

Der Spiegel, 4. Dezember 1978

Es scheint so, als ob die europäischen Staaten aus den Erfahrungen zweier Weltkriege kaum etwas gelernt haben. In ihrer Sicherheitsbereitschaft lassen sie sich von Entspannungsschalmeien einlullen.

DBV-Informationen, 1. Juli 1975

Mut, wieder zu einzügigen Schulen zurückzukehren und in der Grundschule notfalls auch einmal zwei Jahrgänge in eine Klasse zu stecken.

DIE WELT, 21. Mai 1979

Die Untersuchungsverfahren sind immer feiner geworden. Das hat zum Beispiel zur Folge, daß es kaum noch irgendein Naturprodukt gibt, in dem nicht in winzigen Mengen schädliche Stoffe nachgewiesen werden können. Gifte sind ja keine Erfindungen der Menschheit, sondern eine Erfindung der Natur. Als es die moderne Technik noch nicht gab, nämlich im Mittelalter, wurden besonders viele Menschen mit Hilfe natürlicher Gifte ins Jenseits befördert. Giftmord war ein beliebtes

Mittel der Machtkämpfe zum Beispiel in den italienischen Stadtstaaten. Natürliche Gifte können aber auch, in geringen Dosen angewandt, heilen. In größeren Mengen kann dasselbe Gift tödlich wirken. (...)
Nicht Atombomben oder Chemie sind die größten Gefahren unserer Zeit. Nach wie vor ist es das Verkennen der menschlichen Natur. (...)
Mit Steinbeilen, Feuersteinflinten oder Kanonen von Krupp konnte man die Menschheit kaum ausrotten. Ob man das mit Atombomben kann, ist fraglich. (...)
Nährstand und Wehrstand, ob man das so nennen will oder nicht, haben auch in Zukunft viel miteinander gemeinsam. (...)
Ich selbst bedaure es zum Beispiel, daß das Konzept einer Landwehr, die fest eingebunden ist in die Flächenverteidigung, nicht gründlicher diskutiert wird. Ein solches System hätte meines Erachtens Kosten- und andere Vorteile. In ein solches System ließe sich auch die Landbevölkerung gut einbinden.

Aus: Nicht nur durch die grüne Brille, Stuttgart 1981,
Seiten: 179, 20, 196, 141, 138

Die an sich guten Überlegungen zu mehr Umweltbewußtsein, Schutz von Wasser, Boden, Luft und menschlicher Gesundheit sind durch übertriebene Forderungen zu einer Gefahr für die Wirtschaftskraft und Konkurrenzfähigkeit unseres Landes geworden.

DBV-Informationen, 1. Juli 1975

Diese verrückten Umweltschützer! Denen ist selbst das hier nicht genug (zeigt dabei auf einen zwar künstlich angelegten, seit Jahren aber verwilderten Bachlauf seines Gutes). Hier können sich alle Tiere ansiedeln, die wollen. Wir lassen sie in Ruhe. Aber nein – die Umweltschützer wollen ja gleich die ganze Welt verändern und alles hundertprozentig machen. Das ist doch total unrealistisch!

Quick, 2. September 1982

Für die Zukunft brauchen wir ein Zurück zur zeitgerechten und zugleich wertbewußten Familienkultur; dabei hat die bäuerliche Familie ihren besonderen Rang und auch ihre besondere Problematik.

Pressedienst des Deutschen Bauernverbandes, 19.–25. April 1982